爆品创意

如何设计有销售力的广告

汪豪 邓素娟◎著

电子工业出版社

Publishing House of Electronics Industry

北京·BEIJING

编辑说明

◎为了客观呈现互联网时代的"丰富语境"，对于一些当前十分流行但不符合出版规范的网络用语，本书采用语义相近的词语进行替代。

◎为了真实呈现互联网语境下的语言表达习惯，书中的部分内容，特别是在新媒体中常用的各种形象化词汇，尽可能"原汁原味"地保留约定俗成的表达方式，并未对其进行"一致性"处理，文中不再赘述。

谨以此书

献给热爱创意的你

序

打破营销的『枷锁』

一

爱因斯坦说："想象力比知识更重要。"

营销人说："创意就是戴着枷锁在跳舞。"

而本书的创作目的，就是要为你解开枷锁，解放你的想象力。

二

在你阅读本书之前，我希望你读几本书。

当下的创意书籍大多来自欧美国家，这些书籍启发了我的创意思维。在我读过的大量书籍中，对我具有特别意义的有《全球一流文案：32 位世界顶尖广告人的创意之道》《蔚蓝诡计》《￥19.99》，以及李奥•贝纳的名言录《百感交集》和吉田秀雄的《鬼才十则》。

这些书籍和集锦的内容，我几乎熟背于心，所以，我在写本书的时候，引用了里面的话，我发誓我没有再去翻阅，都是凭记忆写出来的。

这本书也是我其他广告营销类著作的延续，它们分别是《顶尖文案：188 种走心广告句式》《体验感：品牌 3.0 的营销革命》《策划在左，文案在右》，当然你还可以在网上搜索到我的更多著作。

三

不过，我要告诉你一个"惊天秘密"。

那就是，所有的欧美书籍都不能从根本上解决中国广告人或营销人的创意问题。中国的广告人或营销人首先是一名中国人，然后才是一名广告人或营销人，要解决"中国广告人或营销人"的创意问题，首先要解决"中国人"的问题。

所以，如果要将这本书和其他的广告营销类图书作区分的话，那我将其他的广告营销类图书定位于"解决广告人或营销人的创意问题"，而这本书则是"解决中国人的广告或营销创意问题"。

四

没有人能帮中国人解决创意问题，除非你是一名中国人。

所以，我相信，如果你已经了解大量的国外广告营销类图书的话，那么，这本书应该是你读的最后一本书，也是必须读的一本书。

五

无论是资深广告人或营销人还是营销新人，都会遇到一个问题，那就是他们对创意很"糊涂"，没有人知道创意其实应该是一门科学，一门真正的科学。然而因为创意表现出来的"天马行空"，让我们觉得创意是没办法"握在手心"的。

创意无规则，所以我们忘记了去探索规则，这是轻浮的广告人或营销人蒙蔽自己的后果，也是蒙蔽广告人或营销新人而导致的后果。

所以，当我们讨论创意的时候，我们总能夸夸其谈；当我们进行创意的时候，我们却不知道从何入手，我们不知道怎么样才能"生产出"一个创意。

不过，当我提到"生产"的时候，一定会有人跳出来说，创意不是"生产"出来的，创意不可能经由流水线而生产。那么，我问你，你的创意都是怎么产生的？完全没有根源和过程，难道是凭空产生的吗？

六

现在，我可以告诉你为何"你的创意总是逊毙了"。

因为你总是阅读国外的营销创意类图书，因为你听信了创意无规则的"谎言"，因为你没有潜心研究创意的思维和方法，因为你让自己没有创意。

当有人问你"怎么做创意"时，如果你回答"创意无规则"，这是不正确的，因为正是之前告诉你"创意无规则"的那些人阻碍了中国广告或营销创意的发展，而你继承了他们的"衣钵"。

如果你正好是那样的人，如果你正好看到这里，你就应该找个地方藏起来。

你躲藏的地方，应该是那些受过你"不良影响"的营销新人看不到的地方，请你偷偷地读这本书吧。

七

对不起。

我是一名行业革命者，我总希望在人们已经形成共识的地方制造"异端"。我总在挑战共识，一旦发现这个共识存有弊病，我就会从各个角度攻击它。

最重要的是，我希望自己成为一名"创意非凡"的广告人或营销人，我希望与我处于同一阵营的你也一样。

八

最后，我们一起来看看这本书的简介——

创意的源头在哪里？

如何塑造超强的营销、广告和创意能力？

如何才能设计出有销售力的广告，打造火爆的产品和品牌？

本书从营销人的天分、思维、个性、专业、能力、态度、习惯、经验、技巧等方面，以及企业主／广告主、消费者／受众、文案／视觉／视频、提案／会议、合作／伙伴、沟通／公关、创意职业／行业等方面出发，通过70余个关键词，给广告人、营销人、品牌人、公关人、企划人及媒体人带来全新的视角和全面的创意解析。

相信每一位阅读本书的人，都能找到创意的源头，拥有让创意不凡的能力，打造爆品，成就品牌。

如果你读完这本书之后，找不到简介所传达的那种感觉，很可能是因为你没好好阅读这本书，我建议你再读一遍。

如果还是不行，你可以来找我。

作者微信号：ynwanghao。

目录

第 **1** 篇

提出爆品创意的人，
是你吗？

1 心灵

好奇

保持好奇心

当新生命来到这个世界的时候，任何事物对于他们来说都是新鲜的，他们对任何事物都充满好奇心。好奇心让我们不断地发现、认知并了解这个世界，可以说一切科学研究都始于人们的好奇心。爱因斯坦认为，他之所以取得成功，就在于他具有"狂热的好奇心"。

好奇不止，探索不止。好奇意味着探索，探索意味着发现，发现意味着创造，所以，好奇心一直被认为是创造性人才的重要特征。

关于好奇、知识与创造的关系，自古以来，有很多名言，我们来看一看。

培根：知识是一种快乐，而好奇则是知识的萌芽。

法朗士：好奇心造就科学家和诗人。

穆勒：青年的朝气俏已消失，前进不已的好奇心衰退以后，人生就没有意义。

爱因斯坦：我没什么特殊的才能，我只是保持了我持续不断的好奇心。

苏霍姆林斯基：求知欲，好奇心——这是人的永恒的，不可改变的特性。哪里没有求知欲，哪里便没有学校。

陆登庭：如果没有好奇心和纯粹的求知欲为动力，就不可能产生那些对人类和社会具有巨大价值的发明创造。

那么，你还有好奇心吗？如果没有，那你就没有创造力了，你就不可能再有卓越的创意。

维特根斯坦是哲学家穆尔的学生，有一天，罗素问穆尔："谁是你最好的学生？"穆尔毫不犹豫地说："维特根斯坦。""为什么？""因为在我的所有学生中，只有他一个人在听我的课时，总是露着迷茫的神色，总是有一大堆问题。"

罗素也是一位哲学家，后来维特根斯坦的名气超过了他。有人问："罗素为什么落伍了？"维特根斯坦说："因为他没有问题了。"

那么，你还有"问题"吗？是不是你已经太了解这个世界了，是不是你已经掌握了自然的所有"真理"了？

不，发展是永恒的，不变是暂时的。你所认为的真理或许已经随着时间的推移不再成立了，或许过去的办法已经被新的办法所替代了，而你还在"自我封闭"的空间里，按照原来的规律提出创意。

于是，你落伍了。

想要提出好的创意，你需要具有孩童般的好奇心，你应该总能发现事物的另一面。如果你还在不断地倾听，不断地提问，不断地露出惊异的表情，那意味着你还充满了好奇，还在学习，还在进步。

如果你"闭上了"眼睛，"捂住了"耳朵，而只有一张不断说话的嘴巴，那意味着你前进的脚步已经停止了。

如果你充满好奇心，那么生活中处处是有趣的事物，它们随时随地会给你带来新鲜的感觉，让你滋生新鲜的创意。否则，你的广告不会有新意，你的生活不再有新意。

要让自己保持好奇心，那就"打开耳朵""睁开眼睛"，去听，去看，积极思考，不断提问，寻求答案。

于是，你会发现这个世界上你不知道的东西太多了。你觉得自己又恢复了孩童时的好奇心，开始在充满乐趣和知识的世界里不断捡到"美丽的贝壳"。

每天至少提一个问题，去探索你熟知和未知的世界和领域。重新看待周围的一切。

从你身边熟悉的某个人或者某一事物上去发现"新意"。

相信你一定能发现"新点"，而且会眼前一亮，感受到不一样的乐趣。

分享你最近一次获得的意料之外的体验，这种体验让你对某个人、某一事物甚至是整个世界都有了新的认识。你觉得自己未知的领域太大了，你有必要恢复孩童的好奇天性，重新了解这个世界。

或许你会发现，你已经很久没有这种体验了，因为这种体验真的要追溯到你的孩童时期。那么，你可能真的要重新审视自己了，因为这意味着你已经很久没有"学习"了，思想前进的步伐已经止步很久了。

当然，这也意味着你"老了"很久了。

敏感

你够敏感吗?

敏感在自然界是这么定义的:某个动物对外界的一举一动都通过某种方式全部掌握,也可以说它是指对外界的变化很敏感。

在描绘人方面,敏感可解释为:感觉敏锐,对外界事物察觉很快。也指反应迅速,能够对外界发生的事物快速判断和反应。

在创意方面,我们是否敏感可表现在两个方面:一方面是对有价值的市场信息的分辨能力及对市场不断变化的察觉能力;另一方面是我们对通过何种因素及何种手法能打动受众的把握能力。

你不够敏感,就是说你不知道什么样的市场信息对于促进产品的销售起作用,你不知道最近发生了什么样的市场变化及未来变化的趋势,你不知道这些变化会对客户带来什么样的影响,你不知道受众会受到什么样的广告的影响、他们因为什么而购买、他们因为什么而产生品牌偏好。

如果进一步来说,敏感可体现一个人反应的灵敏度。在医学上,某个人对某种药物过敏,当他接触或吸收这个药品后,身体马上会起反应，而且非常明显。那么，在创意上，一个足够敏感的广告人应该对市场的细微信息或变化及时迅速地做出反应。我们经常说"重在预防"，就是为了用更低成本、更快速度对不利的事物进行处理。对于广告也一样，我们要对市场有掌控力和预知能力，及时在创意上给予关注，推出成本最低、效果最佳的广告。

在广告的表现上，不够敏感表现在两个方面：一方面是你的广告对当下的受众不起作用，他们已经对你的诉求方式和广告中使用的元素麻木了，或者审美疲劳了，按照医学中的说法是有"抗体"了；另一方面，你对受众需要什么"拿捏不到位"，甚至完全偏离了方向。

一个足够敏感的创意人的广告是这样的：受众一看到就会被深深吸引，因为从未见过这样的广告，他很惊奇、喜欢甚至着迷。他觉得这个广告（人）太了解他了，这正是他想要的感觉，可能也是唯一的感觉。如果他问你到底是怎么知道自己的感觉的，你唯一的回答就是，你足够"敏感"，消费者的一举一动甚至心思的微妙需求和变化都在你的"眼里"，你只要"射出"手中的"箭"，必能击中"小鸟"。

而如果你是一个不够敏感的广告人，你的广告就会是这样的结果：①受众没有看到你的广告；②受众看到你的广告了，但是和没看到没有区别；③受众实在太无聊，特别留意了你的广告，但他/她发现这不是他/她要的类型；④你（广告的产品）是他/她想要的类型，可是这种类型的广告他/她已经看到过了，你和你的广告都过时了。

　　作为一个创意人，你要足够敏感，要知道用什么元素、什么方式和什么技巧，以及在什么时间、什么地点、什么情景下你正好能接触到受众，让受众注意到你的广告，并打动他们。

个人训练 找一则正好针对你这样的群体进行推广的广告，但是你对这则广告完全没有反应。
现在换你来做，你会怎么做？一定要够敏感。

团体训练 选择一个针对团队成员这一类群体为诉求对象的品牌，围绕一个命题进行创意，看看谁的创意最能打动人。
提出最能打动人的创意的成员一定是最敏感的，或者是对这一群体最敏感的。

2 性格

严肃

别太严肃了

你太过严肃了。

你的广告太过严肃了。

太多的广告人告诫我们，一定要放松，不要太严肃了。

严肃的人或者环境是为了让我们停止自由的思考和做出本能的反应，从而维护某个人或者某个事物的威严形象。"严肃"，就是严禁个人发出自己的"声音"，必须遵守统一的规则，不管这种规则是否合理。在严肃的环境里，我们只有"必须"，不能灵活选择。严肃等于不能灵活思考，我们就不可能有创意的表现。

正统的家庭教育、学校教育和社会教育让年轻人形成了统一的思维模式。长期以来，他们逐渐放弃了自由思考，变得"很严肃"，把什么都搞得"很严肃"。如果不经过思维训练，你别指望他们有创意的表现。

创意领域只需要一种人，即敢于打破陈规陋矩，创造新的更具人性和更有效的规矩的人，他们是创意型人才，是推动商业进步的人才。

这个世界有太多已经过时、跟不上时代甚至阻碍社会发展的思想和观念。这些思想和观念就像旧社会"老奶奶的裹脚布"，它们"裹住"的是创意思想，我们应该摒弃。

你太相信"严肃"，以至于你也变得很"严肃"。于是你禁锢了自己的思维，忘记了应该解放思想，尤其是在创意领域。

在杰克·韦尔奇退休之际，记者问他，"作为世界级最受尊敬的 CEO 之一，你对商业怎么看？"杰克回答，"商业就是一场小游戏。"

每当看到新人把一件事情看得太严肃或者搞得太严肃的时候，我都会告诉他们，既然"商业是一场小游戏"，那么作为商业中的市场营销的一部分，广告创意应该是轻松愉悦的，为什么要把它搞得那么严肃呢？这个世界没有人喜欢严肃的东西，严肃的东西都是用来"唬人"的，对每个人的身心都没有任何好处。

同样，消费者和广告之间的关系，就像生活中人与人之间的关系一样。如果广告太严肃了，人们也会很严肃地对待你，一旦消费者对待广告严肃起来，那么广告就很难说服受众。更重要的是，在中国当下快节奏的环境里，消费者的生活已经很"凝重"了，他们需要放松，需要娱乐。如果你在广告里表现得很严肃，那么受众会回避你。相反，如果你的广告让消费者获得放松，感到快乐，他们就不会轻易反感你，从而对你放松警惕，愿意接受你的靠近，在同等条件下更愿意购买你的产品。

所以，无论从广告的创意过程来说，还是从广告的创意表现来说，过于严肃都是没有任何好处的。"严肃"就像一个"扫把星"或者"倒霉虫"，它到哪里，哪里就不会有创意。同样，它到哪里，哪里就不会引起受众的注意。

个人训练 回头看你做过的广告创意，是不是觉得它们都太"严肃"？请选择两则比较严肃的广告，重新进行创意设计，让它们变得一点都不"严肃"。
搞点新思想，来点新花样。

团体训练 根据同一个命题，分两个小组进行创意设计。
一个小组在郁闷的空间，大家一言不发，就像在考场一样；另一个小组在轻松愉快的空间，大家自由活动，随意安排。
比较两个小组的广告的效果，看看有何差别。

保守

你太保守了

你太在意客户的要求，你太在意行业的规则，你太在意上司的警告，你太在意前辈的建议……结果，你留给自己发挥创意的空间越来越小。在这么局促的空间里，不管你怎么做，做出来的广告都只能用一个词来形容，那就是"中规中矩"。形容好的创意的词语是"不落俗套"，而你过度保守的做法必定"落入俗套"。

要大胆一点，创意的本质就在于突破，突破客户预设的限制，突破行业的规则，忘记上司的警告，超越前辈的做法……

这样，你就会拥有一个巨大的创意发挥空间，你的创意就有了更多的可能性。或许，你最终的创意会令某一方不满意，不过没关系，能令自己满意就好了。记住，你才是提出创意的那个人，是你在为你的创意负责。

每个人的思维都会受到身处环境的影响，在人们的意识里，有太多的界限是不能逾越的。至于逾越了界限又会怎么样，大家很少去想。

所以，保守成为不少中国人的一种特质。作为一名创意人，这种特质可能会成为致命的问题。广告需要被关注，需要夸张和凸显，但是在我们的思维中，做人不能太张扬，不能太招摇，做人要低调和中庸。

如此一来，我们在进行创意时，就自然而然地不敢过于发挥想象力，在创意的争论上不敢太"嚣张"，在广告的表现上不敢太夸张或太"引人耳目"。

创意就是需要"破旧"和"立新"。经典的广告创意之所以经典，就是因为它打破了过去的做法，创造了新的做法，从而成为一个里程碑式的案例。

如果什么都不行、什么都不可以、什么都要忌讳、什么都要小心，那么，最后我们只能停留在原地，按部就班地工作。广告没有创意，人生也没有创意。

作为创意人，一定要警醒，既然选择了这个行当，就注定要和传统做斗争，你的价值就在于打破旧规矩、树立新规矩，抛弃旧做法、创立新做法。

"改变世界"是每个人最伟大的理想，但这是对创意人最基本的要求。创意人生来就是改变这个世界的，而不是维护这个世界的。

美国广告人乔治·路易斯有这么一段话，可以作为这一节的结尾："我这一生总听别人说：'乔治，要小心。'但是，干我们这行，'小心'正与制作令人无法看见的广告同义。'乔治，管他的，尽管去做吧！'这反而会让我感觉好些。我经常强调这句话，因为我们是被雇来唤起美国，而非麻醉美国的。"

每个创意人都应该立志推进国家的进步，只有进行改革才能有进步，只有创新才具有进步的意义。

创意和保守是一对相反的概念。保守意味着维持现状，创意意味着改变现状。所以，要想更有创意，就必须先"破除"保守。

个人训练 想一想你以前的创意哪些是因为太保守了，从而导致看起来一点"创意"都没有。回想一下，你是否过于遵守某些"规则"。

现在请打破那些原则，重新进行创意。

团体训练 每人记下一则最近看到的最有创意的广告，分析它的创意是源于打破了什么样的规则。

然后，团队集中分享感悟。

幽默

来点儿幽默

幽默具有两个特征，一是幽默的内容是有趣或可笑、荒唐或滑稽的，二是幽默的形式是含蓄而意味深长的。

幽默和笑话明显不同，笑话我们听过一次就不会再笑了，而幽默的东西就算重复几次我们也觉得回味无穷；幽默不以取笑对方为目的，而是相互之间都能感受到欢乐和趣味；幽默比较含蓄，不会表现得很直接，在表面上都是"优雅"的表现，其中的韵味需要用心体会。

幽默有九个好处，一能减轻压力，二能有助于交流，三能使人战胜恐惧，四能使人舒适，五能让人放松，六能减轻疼痛，七能提升免疫力，八能培育乐观，九能传播幸福。

提到幽默的创意，不得不提这些年泰国的广告。泰国的幽默广告外显且十分夸张，以戏谑看待人生。"为什么泰式创意越来越受世界各地的欢迎？"泰国创意人 Bralee 认为，因为泰国人向现实逆境深深挖掘，却能以幽默超越，从自卑和自嘲达到达观。

马克·吐温曾说："天堂里没有幽默，因为幽默的秘密来源不是喜悦，而是悲伤。"泰国的幽默广告，也是逆境下的产物。

在创意行业，幽默应该表现在两个方面。

一是指创意人自身的幽默。我们要能够以"游戏"的心态看待生活、工作和人生，从中不断发现乐趣，而不是痛苦，不断更换角度，不断发现新意。另外，幽默能给我们的身心带来很多好处，这有利于让我们产生灵感。

二是指广告中的幽默。幽默能够带来娱乐的元素，能够让受众在放松的情绪中看待广告，能够增加受众对广告中的产品的好感。我曾经看过这样一段话，大概意思是说，每一则广告都是对人们生活的贸然打扰，我们应该将"幽默"作为对受到广告打扰的人们的一种"补偿"。受众也会"心领"你的好意，他们知道你在乎他们的感受，他们会乐于与你"做朋友"。不管是在广告中还是在生活中，只有与对方成为朋友，你才有可能说服他们。

下面分享一些在创意工作中可利用的方法。

（1）当你创意堵塞的时候，让自己具有幽默的心态，找找乐子，放松一下，回过头来，你可能会冒出好点子。

（2）当你没有太好的创意的时候，就在广告里给人们制造一点幽默元素，不管如何，这种创意的效果都不会太差。

（3）很多好点子在起初实际上都是一个笑话，如果你有幽默的心态，就能抓住它们，然后将它们发展成你想要的创意。

（4）检验你的创意是否有幽默感的办法是，把它给你身边的人看看，看他们会不会含蓄地微笑，甚至大笑。

Lionel Hunt 这样建议年轻的创意人，"你一定要确定自己一天花很多时间大笑。这一行本来应该是充满乐趣的，而不是什么严肃、生硬的科学。事实上，我们的座右铭一直是：做好广告，开怀笑。"

大量收集幽默的点子，并体会幽默的方法和技巧，这样可以愉悦你的客户、上司和同事。更重要的是，你能愉悦你自己。

没有人会拒绝幽默，受众也不会拒绝幽默的广告。

大家都喜欢幽默，创意也一样。

个人训练	挑几个你之前做得不错的创意，将它们修改成带有幽默元素的创意，然后测试一下人们更喜欢哪个创意。

团体训练	每个人都试着幽默一点，让大家乐一乐。 然后根据一个命题，在放松愉悦的身心状态下进行创意。 如果能把前面介绍的制造幽默感的方法运用到你的创意中，那就更好了。

3 思维

逻辑
不用死守着逻辑

"今天是星期一，小明好好的怎么不去上学呢？"

大多数人的回答是"今天放假了"。这是常规的思维，逻辑就是"因为放假了，所以就算是星期一，小明也不用去上学了"。回答"小明毕业了"，也属于常规的思维。

但是一般脑筋急转弯的答案不会这么直接，要不就没有意思了。通常来说，这个问题可能是要求我们换个思维，如小明并不一定是个小孩子，也可能是成年人。

脑筋急转弯意味着什么？那就是提醒我们不能按逻辑思维来思考。如果我们按照逻辑思维来思考，通常都对付不了脑筋急转弯的问题，我们需要换一种思维，才能找到正确的答案。

那么逻辑思维是什么？通常的解释是这样的："逻辑是一种抽象思维，是我们通过概念、判断、推理、论证来理解和区分客观世界的思维过程。"

逻辑思维讲求的是规律、规则或道理。如果你太讲逻辑了，那意味着你太守规矩了，太理性了。

我们在生活中说某人太顽固了，太不懂得变通了，太不开明了，实际上并不是说他个人存在什么问题，而是说他所遵守的规则、所讲求的道理实际上是有条件的，并不需要在任何条件下都按照那个规则或道理去理解事物或采取行动。

创意意味着创造新的意义，寻求新的办法，发现新的途径。如果我们总是按照旧有的路径去寻找财宝，或许也能找到还未被前人挖掘的财宝，但是当到那里的时候，我们就发现与我们同时到达的还有很多人。从广告创意的角度来说，这就是"创意撞车"，换句话说，就是我们都没有"创意"。

"沿着旧地图找不到新大陆"。在发现新大陆之前地图上并没有新大陆的任何标识，一切都是未知的，我们唯有放下"旧地图"的约束，勇于探索，寻求突破，才能找到属于自己的"新大陆"。

创意的价值就在于"新大陆"的价值。新人具有更强烈的热情，他们对新领域更好奇，我们应该"放纵"自我，不断突破局限，尽管会失败，但这才是新一代年轻人的人生价值所在。

通过逻辑思维，也就是通过概念、判断、推理、论证来创作广告，结果是我们的广告会出现惊人的雷同，尽管当初都并不想去模仿或抄袭谁，但是最终我们却发现自己的广告创意都已经被人用过了。我们进行了充分的资料分析、层层推理和反复的市场论证，结果创作出的广告竟然像"复制品"。

经由逻辑思维创作的广告都没有问题，但是依靠逻辑思维创作的广告往往不会是优秀的广告。乔治·路易斯说："当大多数人都往同一方向前进时，反而证明了新的方向才是唯一的方向。"

那么，当绝大多数人都遵守逻辑思维去创作广告的时候，那就是你应该打破逻辑思维的时候了。

这时，"不讲规则"就是创意的"规则"。

抛开那些抽象的"概念"，别做理性的"判断"，打破原有的"推理"路径，那么，创意就离你越来越近了。

也就是说，你越依赖逻辑思维，创意就离你越远。

是时候打破规则了，是时候给你的作品来个"神转折"了。

个人训练 按照逻辑思维，提到狮子，你会想到什么？如果不按逻辑思维呢？

按照逻辑思维，你认为狮子适合代言什么产品？你觉得广告可以怎么做？如果不按逻辑思维呢？

对比前后两者，你觉得哪个更有创意？

团体训练 将团队分成两个小组，一个小组按逻辑思维思考，另一个小组不按逻辑思维思考。两组都用狮子来代言产品并创作广告。完成后对两个小组的广告效果进行比较。

发散

让思维活跃起来

你只会往一个方向想，你习惯往一个方向想。

你习惯于一种表现手法，你习惯于一种创作方式。

你的思维不够跳跃，你只会"点到点"，你提出来的创意总是很死板。

你的广告没有想象空间，不能让人回味。

你觉得自己好像只有"一个"脑子，别人有很多个脑子。

你觉得自己是"一根筋"，扯来扯去就只会拉长一点或者缩短一点。

你的广告看起来都一样，你做什么广告都是同一个"调调"。

············

你的思维固化了。

在生活中，当我们说一个人的思维固化的时候，就是间接地说他老了，思考问题总是"老套路"，没有新意。

当你感觉自己有上述表现时，我给你一个建议：每当你想出一个自己很满意的创意的时候，问问自己，如果不按现在的思路来想，会不会有更好的创意。

无论如何，你一定要变一个人，然后你就似乎拥有了他/她的思维，相信你每"变"一个人，就会多一个创作思路，你会发现你的创意源源不断。

然后，你的创意变得有新意了，你的广告完全打破了以前的模式，你的广告让你的老客户突然对你刮目相看。

当我们看到优秀的作品时，往往会感叹为什么自己想不到。其实，不是我们想不到，是因为我们和别人根本就是用不同的思维模式来思考的。

对于创意工作者来说，应该是"思维改变命运"，而不是"知识改变命运"。

所以，从现在起，向自己的思维"开炮"吧，不要再按过去的思维模式去进行创意，然后你会不断地形成新的思维模式。如此一来，你将拥有越来越多的思维模式，你的"多变"必将带给人们越来越多的惊喜。

以下两种最常见的思维方式，可以让你的思维活跃起来。一种是联想思维，另一种是发散思维。

（1）联想思维，简称联想，是人们经常用到的思维方法，是一种由一个事物的表象、语词、动作或特征，联想到其他事物的表象、语词、动作或特征的思维活动。联想一般是由于某人或者某事而引起的相关思考，它是打开尘封在头脑深处的记忆的最简单有效的钥匙。

联想有如下几种方法。

①相似联想：指由一个事物外部构造、形状或某种状态与另一种事物的类同、近似而引发的想象延伸和连接。如看到篮球想到西瓜。

②相关联想：指联想物和触发物之间存在一种或多种相同而又具有极为明显属性的联想。如看到鸟想到飞机。

③对比联想：指联想物和触发物之间具有相反性质的联想。如看到白色想到黑色。

④因果联想：源于人们对事物发展变化结果的经验性判断和想象，触发物和联想物之间存在一定的因果关系。如看到蚕蛹就想到飞蛾，看到鸡蛋就想到小鸡。

（2）发散思维，又称辐射思维、放射思维、扩散思维或求异思维，是指大脑在思考时呈现的一种扩散状态的思维模式。发散思维来自"发散"这个词，即从一个既定的中心向四周发散，它表现为思维视野广阔，思维呈多维发散状。

放射性思考是人类大脑的自然思考方式，每一种进入大脑的资料，无论感觉、记忆、想法，还是文字、数字、线条、颜色、意象、节奏、音符、味道、气味等，都可以作为一个中心，并由此向外发散出成千上万个想法，每一个想法又可以成为另一个中心，再向外发散出更多的想法，呈现出放射性立体。

如何训练发散思维？

培养发散思维，首先要做到从多个角度去思考一个问题，以寻求多种想法、观点或答案。在这个基础上进行想象，从而产生多条思路，并且使多条思路向外扩展，扩展为多角度思维空间。

单向思维大多是低水平的发散，多向思维才是高质量的思维。在思考时要尽可能多地给自己提一些假设，强迫自己换一个角度去思考，想自己或别人未想过的问题。

　　可以尝试换个方向想，逆向地想，"断裂了"其中的一部分来想，换一个角度来想，像一个小孩子一样来想，像一个老年人来想，像一个异性来想，像你最反感的某个人来想，像你的母亲或者父亲一样来想，像你的孩子一样来想……

　　不要局限于唯一的正确答案，不要被以往受到的教育束缚，在创意领域，永远没有唯一正确的答案，你要做的是，尽可能多地去寻找答案。

　　发散思维鼓励人们寻找和考虑新颖而独特的方法、机会、观念和解决方式，不能满足于一个固定不变的答案，而是在解决问题的过程中不断询问：如果这样的话，那又会怎样。

　　在形容一个人聪明时，我们常常用才思敏捷、灵活多变、足智多谋等词语。其中，"变"是最重要的，只有不断变化，才能出其不意、出奇制胜，使受众眼前一亮。

　　要防止思维的固化，或者说要保持多元化的思维，你应该结交不同特征、不同风格、不同领域及不同职业的朋友。朋友其实就是你个人的延伸，拥有不一样的朋友，你就拥有不一样的思维。

　　另外，要阅读不同风格的书籍，观看不同风格的电影，接触不同风格的文艺作品，看不同的风景，形成多元化的思维。

以"命运"作为主题，创作一个故事，思考一下自己打算写一个什么样的故事。

你的脑袋里一直反复出现"命运"这个词，却根本没有什么创作的思路。不要难受，不要气馁，更不要害怕，这是很正常的，实际上，对于老手来说，也经常会遇到这样的情况。展开联想吧，直到想出足够新奇的点子。

1. 选一个主题词，如"命运"，然后分小组进行联想；过程中，让一位记录员快速记下成员联想的内容；使用你们联想出来的 3~5 个词语，即兴创作一个故事；展示联想词语，并标出激发你们创意的主要词语；各组分享故事。

2. 发散训练

集体绘制一张思维导图，根据发散出来的内容，选择一个亮点作为故事的核心创意，展示思维导图并分享小组的故事创意或故事梗概。

---

4 心态

玩乐

放开了玩

你不好玩，是说你没有游戏心态；你不能忘形地玩，是说你时时刻刻都不能解开自己给自己身心装上的"密码"。

可能没有人不喜欢玩，这是人的天性使然。

很多学生在进入社会后，几乎没有创造力了。能在大学毕业后还保持孩童时候的想象力和创造力的人，才是真正的天才。

好玩，其实是放松、投入和创造的表现。SONY 之前的品牌口号是"Digital Dream Kids/数码梦想"，孩童时期的想象力和想象空间是创造的基础，所以，SONY 不断推出满足人们梦想的产品，实现了我们孩童时期的梦想。

单纯，积极，娱乐，投入，创造。在你的身心都处于一种放松的状态时，你会发现人的本性，你不再受传统理念的限制，你发现了人们简单纯粹的需求和欲望。

有了这样的领悟之后，你的广告才会打动人们最敏感的心弦。你的创意不再是"隔靴搔痒"，而是"直击人心"。

在进行创意的过程中，可以把创意当作一个游戏，一次玩乐的过程。你玩得忘形，忘记了所有的框架和规矩，忘了过去，忘了现在，忘了未来，忘记了自己是谁。这样，你心中压抑已久的潜意识中的各种宝藏就会"浮出水面"，它们能给你带来真正不俗的创意。

在"意识"层面，绝大多数人都是"正常的"，所以，我们的创意都是"正常的"，别人能意识到的，我们也能意识到。而潜意识则是我们都"意识"不到的。

按弗洛伊德的精神分析，人的大脑就像冰山，意识是指露出海面的部分，潜意识就是藏于海底的部分，而前意识就是偶尔会飘忽在水面的部分，前意识是不确定的，介于潜意识和意识之间。

与意识相比，潜意识的内容要丰富和庞大得多，所以，潜意识才是我们最大的宝藏，如何才能从潜意识里汲取创意的养分？需要放松，需要释放，需要忘记现实的自我，这时，你会"灵光一现"，你的"灵光"来自你的潜意识的瞬间"露出水面"。

创意的能力，就是指你能将多少潜意识变为前意识，然后再变为意识的能力，也就是"灵光一现"的能力。而"灵光一现"的前提是完全放松身心，解除所有你对潜意识的种种"铁链"和"密码"。你只有忘记自己，才能释放潜意识。

James Lowther 说道，"放松下来再瞧问题、找乐子。说说和主题扯得上关系的故事和笑话。这样你说不定能从意想不到的角度来看问题。"

John Stingley 说道，"一旦你已经把自己就位在消费者的想法里，放松，像正常人一样思考。不要怕想到和产品有关的笑话，或对产品刻薄的想法。我发现很多很好的点子一开始都是笑话，而仔细探索后，却变成了完全相反的、有利的、正面的陈述。这样想出来的概念更具一种深受消费者欣赏的诚实特质。"

以上这些话都是从《创意之道》中摘录下来的。

当你放松的时候，你的神经开始活跃起来，这有利于你找到创意的感觉。你一旦板起脸来，眼睛一动不动地盯着面前的 A4 纸，拼命逼迫你的脑袋把你要的创意交出来，越是这样，你的脑袋越是"不灵光"。

相反，出去走走，和你的同事聊聊天，和有好感的异性搭讪，打个电话给你的客户讲个笑话……或许就在这段时间，你的创意突然就来了。你会发现，创意原来真是太简单了，为什么要把自己搞得那么凝重呢？是你想太多了。

人的很多需求就在于吃喝玩乐，其他的都是延伸的需求。如果你能让人们从你的广告里找到乐子，那他们也会乐于"买单"。想一想，人们生活中是喜欢和一个严肃的人交朋友，还是喜欢和一个比较有趣的人交朋友呢？在生活中，一个"开心果"或者"活宝"的身边总是围满了各种各样的朋友。人们喜欢这样的人，喜欢和他们交朋友，愿意带他们一起聚会，愿意为他们买单。

如果你把"好玩"和"忘形地玩"当作一种人生态度或一种生活方式，那么你可能会将创意做得更好。

有一个词叫"玩转创意"，我倾向于把它解释为"'玩乐'转动创意"。

个人训练　怎样才能让你进入"忘我"的状态？
尝试在"忘我"的状态中寻找创意。

团体训练　找一种娱乐方式，让团队中的每个成员都完全放松，完全"忘我"。
然后选择一个命题进行头脑风暴，看看会不会有令人惊异的创意表现。

享受

痛，并快乐着

你不可能把让你痛苦的事情做好，你不可能将其做到最好。你不喜欢，你不能全身心投入，你不享受，你只能感受到痛苦和反感，你如何提出卓越的创意？

创意需要自我激发，达到一个思想自由的理想状态，你才能滋生具有新意的想法。有人享受这一过程，有人对这一过程倍感痛苦。更多时候，人们沉浸于这种"痛并快乐着"的过程。

创意人需要有追求卓越和立志不同凡响的情感，这样才能在创意行业快乐又成功地走下去。然而，并不是每个人都有积极探索和不断超越自我的工作态度，很多人只希望平平静静、安安稳稳地生活。尽管创意工作也可以给他们带来这样的生活，但是他们心里对"挑战"有本能的恐惧，他们不希望有不同凡响的成就，或者他们觉得那都是虚幻的东西，是就算努力了也不会得到的东西，与其付出一切而徒劳无功，还不如循规蹈矩，普普通通地过日子。

从某种程度上来说，创意就是在追求极致，因为你必须如此才能提出优秀的创意。在这个世界上有数不清的创意人同时在思想上和你竞争，你要想成功，就必须在思想上超越他们，做得比他们多，想得比他们多。

人和人是不一样的，人们身处的环境不同，人们的特质不同，人们的喜好不同，人们关于职业的选择也有很多种。这个世界是多元化的，如果你不能"享受"创意工作，那么你应该趁早离开这个行业，这样你会活得更快乐，活得更久。

如果你"很享受"创意工作，那可能这个世界上就只有这一种工作适合你了。如果你喜欢创意，你随时随地都能冒出新鲜的点子，你会因此兴高采烈，那么你就不可能去做医生、律师、公务员、教师或银行职员，你一定会因为这些工作的按部就班和循规蹈矩而"抑郁至死"的。正如循规蹈矩的人不适合创意工作，创意非凡的人也不适合循规蹈矩的工作。

所以，如果你一直没有卓越的创意，那可能是因为你不能适应、享受或者全身心地投入创意工作，也就意味着你根本不适合待在创意行业。如果你很享受创意工作，但是在工作中遇到了各种阻力或者坎坷，请你不要后悔当初选择了创意，因为当你重新选择其他工作后，你会更后悔。

在这个世界上,适合做创意工作的人大多只能待在和创意有关的行业,而不适合做创意的人却可以在很多工作中来回调换。李奥·贝纳曾说:"人们时常问我为什么选择了广告,其实是广告选择了我。"我想他是深知这一道理的。

同样,作为创意人的我,也常常不禁思考,如果这个世界没有与创意相关的工作,我还能做什么呢?所以,我很庆幸我活在一个需要创意的时代。否则,我都不知道怎么活下去。当然,这本书也不可能与你见面了。

我认为,人活着的目的不是工作,也不是做创意。人活着的目的就是"自由地"活着,否则人活着的目的就是等待死亡。

什么是自由的状态?那就是当下的这一秒你是否享受,或者说你是否享受现在?

"享受"的含义如下:生命在存活过程中,通过身体器官、思想意识的作用,使生命自身产生愉悦、美好的一种体验与感觉,在物质上或精神上得到满足。

工作本身是不可能给你物质的满足的,那是工作的物质回报。所以,在工作中的"享受"是指你在精神上获得了良好的体验。这种精神上的良好的体验就是指"乐趣",没有"乐趣"的工作是不可能让你享受的。

所以,我们可以进行如下推理:乐趣让你享受,你因享受而进入自由的生命状态,你在自由的生命状态中才能释放更多的潜能。

这种潜能在思想方面的表现就是，你会流露更多的潜意识，也就是你会产生更多的"灵感"。

那么，为了乐趣而工作，你不仅得到了乐趣，还会获得创意，进而获得对等的金钱。如果专注于金钱，那创意就不再是你的唯一手段，你就不可能专注于创意。最后的结果就是，要么你离开了创意领域，要么你始终没有得到足够的金钱。

如果你选择了创意行业，那就应该选择为了创意而自由地活着，在创意工作中找到乐趣、制造乐趣、传播乐趣。

如果你实在找不到创意的乐趣，而且认为它带给你的痛苦远超于成就感和乐趣，你根本没有办法去享受这一过程，那就离开这个行业吧。这个世界上还有很多适合你的工作，你会在其他工作中找到自由的生命状态。

个人训练 你享受创意工作吗？是什么样的乐趣让你感觉很享受？这种乐趣会胜过其他工作的乐趣吗？

如果你感受不到乐趣，或者感受不够强烈，那就继续找。直到你不再想找了，那就换个行业吧。

一起分享创意工作中的有趣经历，以及你是如何找到乐趣和制造乐趣的。

另外，将团队成员分成若干小组，让其讨论关于工作、创意、乐趣和金钱四者的看法，再由小组长综合小组看法，与全体成员分享。

第**2**篇

爆品创意的本质

1 吸引

不同凡响

追求不同凡响

"不同凡响"是我最喜欢的词语。作为一名创意人,我认为这个世界没有一个词语可以与之媲美。"不同凡响"是卓越创意人的一项特质,他们骨子里就"不同凡响"。他们天生"不同凡响",他们想得"不同凡响",他们做得"不同凡响",他们的创意"不同凡响"。

在这一节我将分享几个问题和自己的答案。

一、什么是"不同凡响"?

只要某种东西沾上"不同凡响"的边,它就能让你眼界大开,让客户眼界大开,让消费者眼界大开,让每一个有幸看到它的人"驻足"忘我。

如果"不同凡响"是指一种"声响"，那它比玻璃碎裂还要清脆，比枪声还要刺激，比爆炸还要猛烈，比闪电还要惊人，比咒语更具魔力。它是那样的"不同凡响"，只能意会，无法言传。

二、什么是"不同凡响"的创意？

我无法具体传达"不同凡响"的创意是什么样的，只能通过比较让你感受它们是怎么样的。

拙劣的创意"默不作声"，普通的创意"叽叽喳喳"，优秀的创意叫着"嘿！我在这里！"，卓越的创意"不同凡响"。

同样，拙劣的创意人"不知所言"，普通的创意人"絮絮叨叨"，优秀的创意人"哗众取宠"，卓越的创意人"不同凡响"。

三、什么是"不同凡响"的创意思维？

"不同凡响"背后的思维会是什么样的？什么样的思维才能催生"不同凡响"的广告呢？

（1）放弃"最好"，只要更好。换个角度说，只有一个可能"最好"，那就是下一个。

（2）如果大家都说好，那就不好了。换个角度说，大家都不看好，它可能就很好。

（3）"不同凡响"来自对人性或人心的顿悟，你要知道什么力量才能触及人性或震撼人心，那可能是一种自然的神秘力量。

在这一节的最后，我想借伟人史蒂夫·乔布斯的话来阐述。乔丹布斯表达的大致意思是，有时"不同凡响"的东西会让人一下子不知所措，难以接受。你要坚信自己，小心落入传统的陷阱。

在"不同凡响"的路上，你可能会很孤单，很少有人理解你、支持你，你需要时刻鼓励自己。

乔布斯应该深谙此道，所以他总是桀骜不驯地面对周遭的一切。他很少听取意见，他拒绝做消费者调查，他从不相信消费者能给出他要的答案。他只相信自己的直觉，他相信他想要的也会是消费者想要的。有一天，当他把他想要的东西摆在消费者面前时，消费者刚开始可能会无法接受，因为这和以前的不一样，但是当他们"缓过神来"时，他们会说："哦，原来这正是我想要的。"

想要成为"不同凡响"的创意人，请追随乔布斯生前的轨迹吧。

个人
训练
根据一个命题，不断提出新的创意，直到"不同凡响"。如果你能提出"不同凡响"的创意，你将成为"不同凡响"的创意人。

团体
训练
每个人找一个"不同凡响"的创意，让团队内的其他成员一起讨论，分析其"不同凡响"的原因。

最后，每个人总结一套让自己未来的创意也能"不同凡响"的方法。

感叹

创意禁止"感叹"

人生中确实有很多令人感叹的东西,比如天马行空的创意,各式各样的奇妙点子。你喜欢摄影,喜欢探险,喜欢彻夜不眠地思考文案里的每一个字是否使用到位。

我们有时会形成一种条件反射,看到感叹号,就会想作者一定有什么感慨的,至于感慨什么、是否值得感慨,我们通常都不去深究。

这本质上说明了什么?

答案就是:我们对感叹号麻木了。而且这种麻木感会随着我们心智的成熟越来越强。也就是说,感叹号已经失去了标点符号所赋予它的最初功能。

但是为什么还有那么多广告大量使用感叹号呢?

一是我们的文化教育和作文写作中,使用感叹号成为一种习惯,而且多年的教育和写作经历将这种习惯渐渐固化成一种思维,我们一开始动笔就不断使用感叹号。

二是广告是一种典型的宣传手段，就是要将劝服性的信息不断灌输给受众，从而影响他们的观念和行为。宣传的目的在于使受众失去自己的理性判断力，盲目遵从广告的诉求，从而陷入广告的圈套。而感叹号具有强调的功能，广告人也深信这一点。于是当他们想要"震住"受众的时候，就寄希望于大量的感叹号。

于是，感叹号在广告的世界里满天飞。

无论一个人、一件事还是一个符号，不管他多么有影响力，如果他随时随地出现在我们身边，那我们大多会对其视而不见。

更糟糕的是，随着受众广告素养的提高，他们对广告的诉求伎俩已经很熟悉了，甚至"了若指掌"。这时，感叹号反而成了一个让受众避之不及的"广告符号"，一个典型的"骗子符号"。

什么是"骗子符号"？就是人们看到这个符号，马上就联想到骗子。如果你在广告中使用了"骗子符号"，也就意味着你告诉大家，你的广告是骗人的。

广告人 Tom Thomas 说过："每一则广告所遇到的问题并不只在于如何引起注意，还在于如何令人相信。因为对受众来说，广告就像一排等着指认的疑犯里那个暴躁不安、目光不定的那个。"

所以，当你希望感叹号能帮助你吸引受众的注意，企图告诉受众广告的信息很重要时，那你就彻底暴露了你的"罪犯身份"。

如今，感叹号已经从符号世界里的一条"龙"，变成了一条藏有剧毒的"毒蛇"，在你不小心将它当作一条"龙"来使用的时候，或许它正在将"毒液"喷向你的潜在受众。

当然，一切无绝对。

如果你能控制好这条"毒蛇"，它或许能表现出另一种"美丽"。

创意需要醒目，但别滥用大大的感叹号。

个人
训练　创作 3~5 则广告文案，设计 3 个版本，一个版本尽可能使用感叹号，一个版本按照平时的习惯设计，一个版本禁止使用感叹号。

请周围的人给这 3 个版本的广告打分，看哪个版本的广告效果更佳。

团体
训练　分 3 个小组，创作 3~5 则广告文案，一个小组尽可能使用感叹号，一个小组按照平时的习惯设计，一个小组禁止使用感叹号。

最后，对 3 个小组的广告进行比较，看哪个小组的广告效果更佳。

2 聚焦

核心
核心重于技巧

关于"说什么"和"怎么说"的争论历来不断。威廉·伯恩巴克认为，重要的不是"说什么"，而是"怎么说"。他认为，如果你不能让受众注意到你，那么你不管说什么都是没有用的。就算受众注意到了你，但是如果他们对你说的内容一点都不感兴趣，那也没用。

现在的广告人花了太多的人力、时间、精力和金钱在表现技巧上，也就是"怎么说"上，而忽略了去发掘和确定"说什么"。

简单来说，不管是客户还是广告公司和广告人，在内容或者说核心概念上的创意投入太少了。

为什么会这样？

因为涉及核心概念的创意太难了，人们都"避难求易"。技巧上的创意相对简单，而且一旦广告失败，技巧也不会成为众矢之的。

这导致我们今天所看到的广告大同小异，都在表现技巧上做了相当多的创意，但其实都是无关紧要的。

我们看到不管是客户的广告部门还是广告公司，均有大量的文案和设计人员，但是很难见到专业创意人员，这就导致创意成了文案和设计人员的兼职工作。

希望专业的创意公司能专注于核心概念的创意，这才是推动广告产业发展的核心力量。

核心概念的创意就像研发汽车的发动机，从根本上来说，发动机的性能决定了这台汽车的性能，而不是汽车的外观决定了汽车的性能。

在广告领域，我们往往太注重描述"汽车的外观"，而忽视了描述"发动机"。

如果广告是一台车，那么创意就是它的发动机。

靠技巧创作的广告就是一个"纸老虎"，看似有模有样，但是"一戳就破"，对猎物没有杀伤力。

有一个新兴的词汇叫"视觉奇观"，后现代主义者认为我们身处"奇观社会"，各式各样的"视觉奇观"在抢夺我们的眼球，其目的只在于吸引我们，至于我们有没有明白并不重要。一则又一则广告也是在制造一个又一个"奇观"，人们仅仅看到了它，但不会记住它，人们也明白不需要记住它，它毫无意义，这就是它的意义。

没有核心概念创意的广告是没有意义的，不管广告表现得多"了不起"，都毫无意义。就像一个没有思想的人，不管他多么招摇，也没有人真正用心对他。

这是一个"读图时代""影像时代"，或者说是一个"视觉时代""符号时代"，你的创意要想发挥作用，就必须给人们留下有意义的图、影像、符号。

个人训练 找几则在核心概念上进行了创意的广告，再找几则在技巧上进行了优良处理的广告，比较一下哪种类型的广告更有影响力。

团体训练 自由分成若干小组，小组要完成的任务是"使用 100 元换取 1000 元"。请提出你的创意，并去实现。在一天内，看看哪个小组完成得最快最好。
分享创意和完成的过程。
最后一起分析，看看是核心概念的创意更关键，还是过程中的技巧更关键。

直接

直截了当地表达

你是习惯于把问题复杂化还是简单化？

这个世界原本很简单，但是总有人将它变得很复杂，变得不可理解，于是我们就不再思考这个世界的真理，任由他们"宰割"。

所谓"真传一句话，假传万卷书"，我们应该撇开所谓的"道理"，抓住那些仅有的"真理"。我们应该忽略人的表面，抓住"人性"，我们应该忽略产品，抓住"价值"。

对于创意来说，我们应该忘记广告，看到"需求"，刺激"欲望"。

作为消费者的"人"是简单的，消费的目的在于满足需求，满足需求的前提在于有足够的金钱或者获得金钱的能力。

人大多有两种需求，一种是生理需求，另一种是延伸或变异的需求。生理需求是永恒的，延伸或变异的需求是时代的产物，它随着时代的变化而变化。

一个纯粹的人只有生理需求，所以，任何一则广告，只要是针对人的生理需求而设计的，都一定会有效，因为生理需求是本能的。

面对延伸或变异的需求，我们需要去研究时代的特征，发现潜在的或者即将出现的需求。

安全的食物、新鲜的空气、宜人的环境、健康的异性都是人的基本需求，只要我们在安全、新鲜、宜人、健康等方面进行创意，都会很有效。而延伸的需求，如实施公益行为是一个人良好素养的表现，那么只要我们在广告中将产品与公益联系在一起，就会很有效。至于变异的需求，整容服务就是一个典型，当一个时代对什么是美进行界定的时候，如果你的容貌不符合时代对美的界定，你就会产生被歧视的感觉，于是你开始否定自己，原来的自我开始扭曲，你要"重塑"一个新的自我，于是变异的需求就产生了。

只要按这个逻辑去分析，便掌握了人们的需求，只要你的创意对准了需求，就一定会有效。

至于广告的表现手法，可以随心所欲。夸张也好，幽默也好，煽情也好，对比也好，只要不让受众反感，都可以用。

作为一名创意人，你一定要善于找到解决问题的思路和简便方法。我们生活在纷纷扰扰的世界，我们的眼睛和耳朵里有太多的"浮华"，一时难以看清真实而简单的世界的本质，所以，我们一定要养成将问题简单化的习惯，任何问题都很简单，直接触及根本，就能厘清纷乱的细枝末节。

在战场中，孤胆而英勇的上将取胜的最直接办法就是直奔对方主帅，箭伤、刺伤、活捉或杀死对方主帅，就能一战取胜。

商场如战场，在凭借智慧比拼的创意领域，保持头脑清醒，掌握简单而有效的创意方法，才能"所向披靡""攻城掠地"。

这是一个视觉时代，受众在"走马观花"，在视觉的世界里，人们会因为图像而止步，有时也会因为文字而止步。

在视觉的世界，没有什么是重要的，人们只是在浏览，浏览不是为了"留意"，在广告泛滥的世界，人们讨厌"留意"，人们早已形成了自动过滤广告的习惯。你的广告要想被"留意"，就要在受众毫无防备的时候出现。

你还想让你的广告"花里胡哨"吗？受众一眼就看得出来你的广告是不是一个"美女"。你还希望受众对你的广告画面"流连忘返"吗？他们早就消失得无影无踪了。

所以，你应该直截了当地对受众"吆喝"，告诉他们，"嘿，这就是我！我就是这样！没什么好说的！"

我们的广告创意都太遮遮掩掩了，不是直截了当地向受众说明，好像不在广告上"绣出一朵花来"，就不叫创意。

实际上你只需要用最简单直接的方式表现出来，告诉受众，"嘿，这就是我！我就是这样！没什么好说的！"

要让受众一眼就知道你要说什么，这样当他们有需要的时候就会想起你。如果不能让受众一眼就明白你要说什么，那你就只能等下一次机会了。

我最喜欢"闭月羞花""沉鱼落雁"这两个词。什么是美人？月亮都不敢出来，花都不敢开，鱼儿深潜水底，大雁都不好意思飞。够直接够形象吧？

直接，意味着简单明了，不需要太多的思考。自文字产生以来，我们都用文字来描绘事物，在文字运用方面，我们能找到简短而直接的词语来表达。进入视觉时代之后，我们要运用更多图像来描绘事物，如何才能更直接地表现？这需要我们不断学习和摸索。

未来，广告一定会以视觉表现为主，不懂视觉表现的创意人，如同不识字的作家，无法生存。

在广告的世界里，别太委婉了。中国人表达感情太委婉，喜欢在说出"来意"之前，绕一个"大圈子"，创意人也难免会受到影响。

在进行创意时，禁止委婉，禁止绕圈子，禁止掩掩藏藏。

个人训练 找一个视觉表现不够直接的广告，将它表现得直接一点。
注意：要在不触犯文明道德底线的前提下进行。

团体训练 找一个视觉表现相当直接的广告，和大家分享。
再将一个不够直接的广告修改得直接一点，和大家分享，共同感受修改前后的变化。

极简

Less is more

极简，就是简化到极致，没有任何多余冗杂的元素，而且每一个剩下的元素都发挥了最大的作用。极简，如同制作利箭，没有一丝多余，而且具有极强的穿透力。

"优雅来自拒绝"，我非常喜欢这句话。我的理解是——因为拒绝了所有庸俗趣味，减少了所有繁文缛节，所以，获得了优雅风尚，得以鹤立鸡群。

广告创意的目标只有一个，就是找到最简捷、最低投入的方法，实现客户的广告目标。我们需要去除不必要的广告环节，删减不必要的广告内容，减少不必要的广告投入。我们需要时刻保持极简的创意思维。

一、信息极简

大量的市场信息会使人陷入一种"信息迷雾"的混沌状态——你只看得见信息，而看不见面临的根本问题。我们必须找到对于广告最重要的市场信息，将它应用到创意当中。

每一条市场信息都意味着一个市场存在的缺口，也叫突破口。

通过这个缺口，我们可以在最短的时间内以最小的代价将客户"送达目的地"。我们需要透过每一条信息去评估一下它暗示的缺口是不是值得利用，这里需要评估如下几个问题。

（1）这个缺口够大吗？

（2）这个缺口适合客户吗？

（3）利用这个缺口，要付出的代价大吗？

（4）在利用这个缺口时，它被封堵的可能性大吗？

（5）除了这个缺口，还有更好的缺口吗？

如果你的答案是"够大""适合""代价很小""不会被封堵""没有更好的了"，那么就留下对应的信息，否则，就删除它，不管你有多喜欢它。

二、形象极简

在生活中，我们都习惯于透彻地认识一个人，深入了解他，让他变得足够简单，简单到很好"对付"。当我们足够了解一个人时，通常能用一句话来形容他，即"他是一个'什么样'的人"。有时，一个形容词就够了。

同样，消费者也希望用一句话或一个形容词总结品牌的形象。当然，前提是他非常喜欢这个品牌或非常厌烦这个品牌。

在物质丰富的时代，人们往往热衷于极端简单和纯粹的东西，人们已经厌倦了信息，厌倦了新的元素，厌倦了学习，厌倦了适应，甚至厌倦了生活必需品，厌倦了在不经意间企图占据他们的头脑并带给他们"麻烦"的东西。

三、内容极简

每一本广告书都会告诉你，广告应该力求简单。消费心理学也强调消费者讨厌复杂的信息，讨厌复杂的生活。今天，人们面临的一切越来越庞杂，很多人都追求一种简单的生活。越简单的信息越可能进入他们的大脑，因为这样的信息对他们来说几乎不用思考，当然他们也拒绝思考。

我们所爱的东西可能并不是消费者所爱的东西，我们应将那些不必要的文字、图形及特效去掉，"除去你的所爱，留下消费者的所爱"。

简化的作用如同制作利箭，需要切枝、去皮、削尖和打磨。同样，创意也需要如此，才能"穿透人心"。

个人训练	在各种媒体上选一则广告，进行修改，改到极简。 然后将修改稿和原稿进行对比，看哪个更有穿透力。

团体训练	分成若干小组，每个小组从特定的媒体上选择一则广告，凝聚小组成员的智慧，将其修改到极简。 然后向全体成员展示原稿和修改稿，看哪个更有穿透力。

3 人心

煽情
以情动人

心动，而后行动。这是对消费者行为最简单的描述。

一个好的创意必须能击中人心，命中最需要被满足的内心，并刺激内心。

广告诉求分为两种类型，一种是理性诉求，另一种是感性诉求。理性诉求追求直接，强调说服的证据，通过科学的信息和严谨的理由说服受众。情感诉求则不然，它关注人的内心或情感的体验，不强调基本的优点和功能，而通过"移情"的方法将产品或服务与某种情感或情绪联系在一起，从而令消费者产生消费该产品即能获得相应的情感的认知。

在广告中,可以将产品和亲情联系在一起,让受众通过消费产品而获得亲情的满足。将产品和爱情联系在一起,让受众满足内心对爱的渴望。将产品和童真联系在一起,让受众重回童年,找到童真的感受。将产品和友情联系在一起,让受众通过产品分享友情,表达友爱。

人是感情动物。一个物种进化越完善,对情感的需求就越多样和强烈。同样,一个人的生活水平越高,知识越丰富,生活体验越深刻,他对情感的需求也就越敏感和突出,需要被满足的欲望就越强烈。

另外,由于物质越来越丰富,产品与产品、服务与服务之间的差别越来越小,同质的品牌越来越多,附加于产品或服务的情感就成了品牌之间竞争的"武器"。谁能发现并满足目标受众的情感需求,谁就能获得市场,获得更高的收益。

尤其是在当下的社会,人与人之间的交往越来越少,人们内心的情感没有适合的方式宣泄。于是,在消费者情感迷茫或者空虚的时候,品牌适时出现,抓住这一市场机会,满足消费者的情感需求。渐渐地,人们开始利用品牌来间接表达内心的情感,品牌成为人们情感的依赖,逐渐替代了人们生活中的亲人、朋友。品牌越来越成为亲人的象征、朋友的象征。

在广告中表达情感诉求越来越普遍,人们也逐渐忘了本应关注的产品或服务本身的问题,人们越来越依靠品牌表现的情感或情绪来做出选择。于是,品牌之间的竞争又开始升级了,现在变成谁表达情感或情绪越深刻越强烈，谁就越能吸引消费者。

所以，你的创意够不够煽情，在情感诉求方面表现得够不够深刻或强烈，成为你的广告会不会获得最佳效果的决定因素。如同在生活中的劝说行为当中，你表现出来的情感是不是够深刻够强烈，你所激发起的对方的情感是不是够深刻够强烈，成为对方能否接受你的劝说的决定因素。

情感诉求是广告的"武器"，你的创意是否能超越竞争对手，就要看你的"武器"够不够深刻，够不够强烈，够不够震撼。

你的创意应触动受众最脆弱的神经，激发受众最空虚的情感，让受众潸然泪下，欲罢不能，重燃信心，浮想联翩，忘记凡俗，让他们通过拥有品牌而抵达他们想要的精神世界。

个人训练 亲情、爱情、友情、怀旧、爱国情怀……选择一种感情作为主题，准备一个极具感染力或者煽情的广告，让每个人看了之后都会被深深打动。

团体训练 根据一个命题，准备情感诉求广告的创意，在团队中进行提案，看看谁的广告更有感染力。团队成员各自分享思考过程，然后选出最好的创意进行分析，讨论如何才能做出最煽情的广告。

造梦

一切都与梦想相关

梦想，是人追求自由和忘我的一种表现。梦想，让我们忘记了真实生活中的自己，让我们走向内心最向往的地方。

然而，在现实生活中，要真正去我们的理想之地，却非常艰难，或许一生都不能抵达。不过，如果人没有了梦想，生命将失去很多色彩。

人们为了梦想，会不计成本，就算失败，付出一切，也会不断努力。精明的商人看到了人的这一特征，他们想要利用人们对梦想的追求和不计成本的天性去"捞上一笔"。

所以，太多的广告制造了一个又一个梦。梦让人忘记了现实的痛苦，不断激励自己向前追逐，商人深知这一点，政治家也深知这一点。

你的广告能为消费者制造一个梦，并让他们积极做这个梦吗？

我们来看一下香水的广告。香水是最直接和梦幻联系在一起的，因为香水的味道会带给人美好的幻觉，让人浮想联翩，所以，香水的广告也竭力为消费者制造一个个梦。人们在做这样的梦，也向往这样的生活，而广告的诉求就是——如果你拥有我们的产品，你就可以实现你的梦想。

当然，香水广告是比较直接的，因为香水和梦幻直接关联。那其他产品的广告呢？如何将梦想和产品"扯上关系"呢？这很简单，很多消费品都和人们的某种情感欲望有关，只要你稍加思索，与产品有关的"一个梦"就会被制造出来，如与汽车有关的梦、与房子有关的梦、与服装有关的梦、与化妆品有关的梦、与电子产品有关的梦、与家居产品有关的梦、与金融产品有关的梦、与洗衣粉有关的梦、与文化用品有关的梦、与一包面巾纸有关的梦……

毕加索说："艺术是一种说真理的谎言。"这一界定和广告有巧妙的关联。我想模仿这一界定，表达自己对广告的理解——"广告是一种让你梦想成真的谎言"。每个人在憧憬梦想时，都是感性而富有激情的，广告就是这样一个"谎言"，就算消费者明白这是一个"谎言"，他依然盲目地相信，有一天自己能借此实现梦想。

每个人都宁愿沉浸在梦里，不愿醒来。在"可能"与"不可能"之间，人们宁愿相信"可能"。

人们希望拥有美好的生活，希望梦想能够实现，面对正好能带给他们更多希望的广告中的产品，他们只需要"举手之劳"和"小小付出"就能得到更多希望，何乐而不为呢？

现在你明白梦想能带来的好处了吧？通过你的创意，将产品和梦想联系在一起，让梦想的"翅膀"载着客户的产品"飞入"消费者的"心田"吧。去唤醒他们的梦想，让他们追随你的产品，让他们和他们的梦想与你的产品同在。

个人训练	根据某一命题进行创意，通过广告让受众产生一种感觉（也可能是错觉），那就是受众消费广告中的产品可以实现心中一直存在的某一个梦想。
团体训练	分成若干小组，探讨人们心中都有哪些梦想，然后分析这些梦想分别可以为哪些产品或服务提供广告创意，以及大概的表现形式。

4 比较

对比

精通对比广告

这个世界上最具效果的广告就是对比广告。你不仅能通过对比广告让消费者清楚你的优点，也能通过对比广告"偷袭"你的竞争对手，还可以通过对比广告"悄然间"成为市场领导者。

对比广告在很多国家都受到严格的限制，在我国同样如此。在很多新人入行的时候，前辈会告诫他们一般不要使用对比广告，这可能会引起很多法律纠纷。于是，在很大程度上，对比广告成为创意人从不涉足的"禁区"，久而久之，很多创意人已经忘记了可以通过对比广告获得很好的创意。

当你的环境和身边的人不断对你说这个不行、那个不行的时候，或许这些方面才是真正能激发最佳创意的。创意就是在不可能之中找到可能，也可以说是在大家看来都不可行的地方找到可行之策。如果你总是在大家认同的范围内寻找"宝藏"，那你找到"宝藏"的概率很小。

在大家都主动放弃或远离对比广告的时候，正是你在这个领域发挥创意天分的时候。人类认知事物最简单的方式就是通过比较，这种方式最直接明了。

对比是人们最表层的认知思维模式，只要你的广告是对比性质的，人们都能明白你要说的意思，你不用担心你的创意晦涩或者被误解，你需要想的是如何更强烈地冲击人们的视觉。

法律之所以对对比广告做了诸多限制，是为了维持市场竞争的公平性，保护每个竞争者的正当权益不受侵害，并不是简单强硬地否定了对比广告。只要不带有明显的攻击性和欺诈性，对比广告是在法律的许可之内的。毕竟，在某种程度上，广告带有艺术的性质，是可以进行适度的艺术化处理的。

如果不能对广告进行艺术化处理，那些幽默的、煽情的及明星代言的广告都不能做了，因为其中都有"虚假的成分"。如果连艺术化的处理都要进行管制，那么所有的广告都成为"通知"或"声明"了。

因此，我们应积极采用对比广告，对广告进行艺术化处理，做出有创意的对比广告。我曾经看过一些对比广告，很幽默，很形象，很单纯，但没有半点破坏了市场竞争的公平性的感觉，这样的对比广告是我们所需要的。

你是进行创意工作的，你需要的是有创意的对比广告，而不是拙劣地、毫不掩饰地攻击竞争对手或者蒙蔽消费者的对比广告。因为过去的广告太多是直接对比的广告，损害了行业竞争的公平性，依靠欺骗来损害消费者的利益，从而受到严格的限制。

我们可以尝试去做对比广告，做与传统不一样的对比广告，做艺术化的而不是拙劣的对比广告，做广告监管机构能通过的对比广告，做吸引受众眼球的对比广告，做真正有创意的对比广告。

个人训练 在几乎见不到对比广告的产品领域，选择几个产品，创作具有新意的对比广告。
再将你的广告和当下该领域的广告对比，看看孰优孰劣。

团体训练 根据一个命题，分成两个小组，一个小组创作有新意的对比广告，另一个小组随意创作（除了对比广告）。
最后比较两个小组的创意，看看孰优孰劣。

反差

制造反差

人们的大脑总是喜欢新鲜、惊喜、惊奇。

平铺直叙的表达很快就会使人们失去兴趣，如果一则信息能形成反差，则能很快吸引人们的注意力。

反差让表达不再是一条直线，而是有了起伏，更能突出想要强调的内容。

在日常生活中，人们总是习惯用固有的经验和思维去理解和判断所遇到的人、事、物。例如，笔就是用来写字的，洗衣机就是用来洗衣服的，诸如此类，我们早就有了一套固有的认知。但是当你发现某种东西与自己原本的认知截然不同的时候，你就会产生不同程度的惊奇、惊讶、惊喜、惊吓、惊叹之类的感受，总之，你的情绪出现了某种波动。

例如，当你熟悉的平时总是不苟言笑、严肃、冷静的老板，有一天突然换了一个新潮的造型，他很快就会引起所有人的注意，在你们公司成为超级热议话题。

爆品创意
如何设计有销售力的广告

很多官方微博现在也采用接地气的方式表达观点，与原本严肃刻板的形象形成反差，获得了众多粉丝的青睐和追捧。

当熟悉感带来的理所当然被打破时，受众的注意力就会被快速调动起来。想象与现实一旦错位就会产生反差，并因为不匹配、不和谐而引发强烈的关注。

具体怎么运用这个方法？建议如下：

（1）制造反差需要想象力，但天马行空的想象需要和产品及其特性紧密相关。可以先全面分析你的产品，把它的功能、特征、使用场景、卖点都列出来，确定广告想要传达的具体信息。

（2）你可以尽情地"打开脑洞"，针对提炼出来的这个产品的特性，列出所有你觉得与该特性矛盾、相反、冲突的内容或场景。

（3）将想要传达的关键信息和刚才想出来的内容或场景进行组合，并适当地进行一些夸张的、更具趣味性的处理，确保所呈现的内容形成反常识、反常规的反差。

（4）清晰直观地表达，确保让你的受众能够立刻明白你想传达的信息。

让你的广告出现反常规、反常识内容，将熟悉的事物和场景陌生化，颠覆受众原有的认知，这样你的创意就能脱颖而出了。

为自己设计一个有反差的装扮，看看能否引起别人的注意。找几个你熟悉的日常场景，尝试将这个场景陌生化，看看有什么效果。

根据一个产品，分成两个小组，两个小组分别利用制造反差的方法设计创意。

比较两个小组的创意，看看孰优孰劣。

5 组合

混搭
连接组合

对于我们的大脑来说，将现有的事物重新组合，比在白纸上凭空画出新的东西要容易得多，把现存的元素组合在一起进行创新的方法，既简单又实用。所以，这也是我们在解决问题和进行创新时首选的一个方法，这种方法在商业中也非常有用，因为它不需要全新的东西，所以风险较小。

创意无处不在，只要我们行动起来。我们可以搜集很多物品，然后随机对它们进行组合，这种随机组合的方法，可以强迫我们的大脑找到之前从来没有想到过的事物之间的联系，即便刚开始进展得不是特别顺利，但等脑袋转起来以后，我们就会思如泉涌了。

如果你没有经过这样长期大量的训练，想象力还不够丰富，还可以使用达·芬奇的组合技巧。简单来说，就是先进行分类，然后进行随机组合。

达·芬奇不仅是一名艺术家，还是一名创意天才。在进行人物创作时，他会先列出人像的主要面部元素，然后在每一个元素下面列出各式各样的特征。接着，他就会随机搭配，产生不同的组合，画出非常有创意的人像。尽管每个种类下的项目看上去并不多，但他可以对它们进行几千种不同的组合。

我们可以使用达·芬奇的这个组合技巧来进行创新。

例如，一家洗车场的老板想要寻找新市场或进行市场扩张。首先，他从产品清洗的角度出发，列出了 4 个参数，接着在每个参数下列出了 5 个变量，然后随机连接其中的一些参数，再把它们组合起来，就形成了一项新的业务：让车主在等待洗车的时候，顺便使用洗车场提供的场地和自助设备给自己的宠物洗个澡。同时，洗车场还配合出售系列宠物产品，如香波护毛素等，如此一来，有宠物的车主都会优先选择这家店，而这家店也多了一项可以盈利的业务。

又如，一家售卖金枪鱼罐头的企业，想要开发新的产品和市场，他们首先列出金枪鱼罐头的 4 个关键元素——用途、容器、配料和市场，然后在每个元素下列出可能的选项，接着不断尝试，随机连接这些元素进行不同的组合，直到得到一个可行的创新组合。

通过这个方法，这家企业最终开发了一款专门提供给上班族的产品，搭配面包和泡菜——开盖即食的便携式金枪鱼午餐罐头。

除了开发各种新的业务模式和产品，这个方法在广告创意开发上也同样适用。找出几个广告涉及的要素，在每个要素下列出尽量多的选项，尽可能多地随机连接这些选项，你将得到一个新的创意。

个人训练 在上学或上班的路上，把见到的任何看似没有关联的东西随机在脑海里组合一下，看看是否能得出有意思的创意。

团体训练 和小组成员一起找一款产品，尝试用随机连接的方法得出一个广告创意。

连接

寻找联系

　　创新需要把不同的事物联系起来，当不同的想法发生碰撞时，必然会擦出新的火花。超越现有认识的事物，不仅能带来创新，也会带来精神享受。当你一直埋头思考时，忽然灵光一闪，一个新奇的主意出现了，那一刻内心的成就感和满足感是别人无法体会的。这就是为什么在创意行业工作那么辛苦，但是依然有源源不断的人愿意投身其中的重要原因。虽然创作的过程常常很痛苦，但有时创作的过程也是一种享受。

　　有研究认为，当我们努力寻找事物之间的联系时，我们的大脑就会分泌出一种叫多巴胺的化学物质。当我们感到快乐时，如听到一则有趣的笑话、完成拼图、从一堆看似杂乱无章的信息中找出规律，大脑就会分泌多巴胺，这也是人们在谈恋爱时常常会分泌的物质。

开发创意需要我们去寻找不同的人、事、物或已有认知之间的关系，了解不同事物之间的联系，这个过程会极大地丰富我们的想象力。与陌生人交流，我们会改变已有的想法，从而使大脑的创造性思维得到锻炼，轻松实现创意。

寻找创意的关键在于找到不同事物之间的联系点，把它们结合在一起，从而使其成为一个创新性的东西。

例如，我们要给新推出的辣味薯条设计一个平面广告，怎样才能富有创意呢？我们来分析一下关键元素——辣。大家吃辣是什么感觉？一种火辣辣的感觉。辣味的刺激，就像一点就燃的火焰。

一点就燃的火焰是什么？火柴。

于是我们就得到了一个有创意的平面广告，蘸着辣酱的薯条，就像一根火柴。

这是汉堡王平面广告的创意。

在使用这个方法的时候，我们需要考虑的是：我们的眼界够宽吗？有没有放眼不同的领域、行业、文化去发掘现有的元素？

我们可以尽情通过联想来连接一些看似不相关的事物，得出新的创意。

个人训练 尝试在杯子和手机之间找出联系，得出一个广告创意。

团体训练 分两个小组，每组各列举一个物品，两组分别尝试找出这两个物品的联系，形成一个有趣的创意，最后看看哪组的创意更好。

第**3**篇

为什么没有爆品创意？

1 态度

急于求成
欲速则不达

你急于求成，过于急躁，迫切希望精彩的点子从你的脑袋里冒出来。你去走访市场，希望最让人意外的信息会正好进入你的脑海。你匆匆忙忙，步履凌乱，就像热锅上的蚂蚁，急躁不安。你和消费者聊天，恨不得马上让他们掏出"真金白银"来。你和客户的员工聊天，你就像他们的老板，在逼迫他们像你一样思考，让他们把可能对你有价值的信息都一股脑地"泼向你"。

收集了市场信息之后，你没有认真细致地"消化"它们，而是"囫囵吞枣"，然后就迫不及待地开始思考创意。你的思绪就像一团乱麻，你却不管不顾，不去进行梳理，而"乱穿乱钻"，想要从中找到一条"出路"，最后你精疲力竭，你的思维无法"走出去"。

说你急躁并不是否定你，你之所以急躁是因为你确实想为客户提出一个优秀的创意，不辜负客户对你的信任，你也希望借此声名远扬。你想要成功，你绝对是一个不断追求上进的人，你会认为在前方的路上没有什么能挡得住你，你也愿意破除万难付出一切去追求成功。

欲速则不达，如果太急躁，一味求快，反而不能按期达到目的。凡事要讲究循序渐进，足够多的量变才会引发质变。如果性情焦躁，一味追求速度，逆着自然规律而行，结果会离预期目标越来越远。所以，做任何事情，不可急于求成。

创意是自然而然的"灵光一现"，我们需要对大量的市场信息及相关资料进行透彻分析，基于对消费者及消费环境的细致掌握，在不断提出想法并不断否定的过程中，才可能有所谓的"灵光一现"。如果总是盯着那一点"灵光"，期盼它突然出现在我们的意识层面，那么结果只有两种，一种是我们永远也等不到那一点"灵光"的出现，另一种是我们看到的所谓的"灵光"丝毫无助于销售，因为它们可能和市场需要的完全不在一个方向上。

创意人如果不尊重自然规律，强迫自己的大脑催生创意，而不做大量的基础工作，这就无异于"拔苗助长"。

关于急躁无助于事物的发展的箴言和故事还有很多，太多的人急于求成而采取了不当的方法和手段，结果不断遭遇失败，离成功越来越远，永远不可能获得成功。

创意需要沉淀，它是大量数据与创意人智慧的结晶。如果不遵循这个规律，就不可能收获创意。你越急于得到创意，就越不可能得到创意，因为你违背了正确的规律，这样，你将离创意越来越远，你总在提出完全没有创意实效的"创意"。

当你觉得自己有急于求成的"症状"时，请放慢性子，放松心情，喝杯咖啡，出去走走，和心爱的人聊一聊，当你再回过头寻找创意的时候，你会发现它已经在某个地方"等着你"了。

在日常生活中也是如此，你越急于寻找某个东西，就越是找不到，当你忘记了要找它的时候，它就出现了，然后你才突然想起，原来你一直都知道它就在那个地方，只是你太急躁，把一切"前因后果"都忘记了。

个人训练 你有急于求成的毛病吗？
想一想，你曾经急于求成的"努力"有哪一次是成功的？
不管任何时候，当你发现自己有急躁"症状"时，赶快把手上的一切事务停下来，因为再继续那样做，你不仅在浪费时间，而且会离成功越来越远。

团体训练 分成若干小组，进行辩论。正方坚持急于求成对创意没有好处，反方坚持急于求成对创意有好处。
最后，进行总结陈述，形成统一的观点。

满足

"没有最好，只有更好"，这句广告词用在对创意的检讨上再合适不过了。没有最好的创意，只要有时间，一定可以想出更好的创意。也就是说，无论你的创意有多好，都一定会有一个更好的创意。

创新永无止境，如何才能在有限的时间内提出最佳的创意呢？创作人总结了一些经验。

Adrian Holmes 给出的第一条创作建议是"尽量利用交稿日期"。他说："你可以说我不负责任。可是我总是等到制管人员出现在门口，脸色发紫，咆哮着要我的方案。那时我才开始写，我发现恐惧感和灵感有直接关系。"

其实他说漏了一点，那就是在接到每一个创意单之后，我们的整个身心和大脑就已经开始为之运转了。为何要一再拖延交稿时间？一方面是因为我们确实没有提出令人十分满意的创意；另一方面，拖延时间是为了能提出更好的创意。

想到拖延时间，你可能会想到考试时拖延交试卷，不过这是两码事。考试试卷的答案基本是确定的，让你发挥的余地很少，所以，成绩的高低和时间的长短没有正相关性，但是创意的好坏和时间的长短表现出明显的正相关性，很多新的创意都是基于原来的创意或是否定了原来的创意而得来的，它不见得会比原来的好，但一般不会比原来的差。

所以，只要还有时间，就别轻易把你的创意交出去，那不是一个称职的创意人的表现。不到最后时间不要交稿，不然当你在时限内又想出一个更好的创意来时，就没办法更换提案了。

另外，为了保证到交稿时间有稿可交，需要先准备一个不太差的创意作为备案，如果最后没能想出更好的创意，也不会影响客户的计划。所以，首先应有一个能打 60 分的创意，然后再追求能打 100 分的创意，最终你可能得不到 100 分的创意，但是在这一过程中你并没有失去什么，一旦你真的得到了 100 分的创意，你会因此而名声大振。

李奥·贝纳曾这样说："伸手摘星，即使徒劳无功，也不致一手污泥。"提出创意的过程是永无止境的，卓越的创意如同遥远夜空中的星星，在探索的过程中，我们没有清晰的路径，只能在黑暗中摸索，而且这个过程很漫长，能不能到达终点还很难说，这就是创意人的使命。

你不能因为碰巧捡到了一颗美丽的贝壳而沾沾自喜，但你绝对应该为发现一颗珍珠而感到高兴。我们应该竭尽全力去发现一颗"绝世珍珠"，创意人一生的最高追求就是获得创意的"绝世珍珠"。

所以，让我们放下"贝壳"，继续寻找"珍珠"吧。

个人训练	根据同一个命题，在一周的时间里，每天想一个创意，记录下来。 最后将这一周的 7 个创意进行比较，看看有什么发现。
团体训练	根据同一个命题，团队成员进行比赛，你会了解谁的创意是"贝壳"，谁的创意是"珍珠"。

2 "变"

换位

这里说的"换位思考",是指思考角度的转换。由于市场反馈与创意诉求是两个对立的角度,我们需要随时在这两个角度之间进行换位思考,很多优秀的广告创意都来自良好的换位思考,如下所示。

贝纳通:色彩联合国。

凌仕效应:天使降临人间。

左岸咖啡馆:愉悦的孤独。

奥妙:Dirt is good(污垢是好的)。

艾维斯:我们是第二,所以我们更努力。

大众甲壳虫:Think small(想想小的好)。

从年轻女性对法国浪漫文化的迷恋到左岸咖啡馆的广告形象塑造；从成年人对污垢的厌恶到奥妙"Dirt is good"的广告概念提出；从消费者对市场领导者的盲目追捧到艾维斯"我们是第二，所以我们更努力"的广告概念提出；从美国消费者对小体型汽车的不接受到大众甲壳虫"Think small"的广告概念提出。在这些广告创意案例中，你发现它们潜在的共同点了吗？

那就是它们幕后的创意人一定都具有良好的换位思考能力。优秀的创意人善于在市场反馈与创意诉求之间来回转换，他们总能找到最准确有效的方式，通过创意诉求解决市场反馈的问题。

我们通过换位思考将市场上获得的重要信息转化为广告对策。在这里，从市场角度转变到了广告角度，从消费者角度转变到了广告人角度，从信息获取角度转变到了广告诉求角度。

在提及一些经典的广告时，我们并没有觉得它们多有"创意"，我们会觉得这很自然，原本就应该这样。但是，我们为什么没有将市场反馈有效转变为创意诉求呢？我们身边的广告被注入了太多空洞无趣的东西，广告人沉迷于"炫耀"或"玩弄"各种创作技巧和花招，却没能将市场上的信息进行"适当"的转化，使其变成产品的有力诉求。

因此，我们需要进行足够多的训练，以形成思维习惯。

一、从市场反馈到创意诉求的换位思考练习。请在以下命题中选择两个进行创意：

1.某一新上市的国产品牌汽车销量一直不佳，现在你发现一项信息，消费者对国产车普遍不信任，尤其是对该品牌的汽车最不信任。现在请就此提出广告对策，并提出广告口号或广告片的创意。

2.某笔记本电脑上市后一直销量不佳，现在你发现人们普遍对它的奇怪外形持有偏见。请就此提出广告对策，并提出广告口号或平面广告的创意。

3.某人性化的电子商务网站自开设以来，点击率一直很低，现在你发现人们都习惯了在以前的网站购物，尽管有诸多不满意，但还是不会轻易更换网站。请就此提出广告对策，并提出广告口号或广告片的创意。

4.某国内老牌牙膏的销量一直在下滑，现在你发现人们感觉国内老牌牙膏的技术跟不上国际品牌。请就此提出广告对策，并提出广告口号或广告片的创意。

5.某品牌推出新口味的果汁，但销量不佳，现在你发现消费者"先入为主"地觉得它的口味会很怪异，所以购买的人比较少，但是喝过的人都会频繁购买。请就此提出广告对策，并提出广告口号或广告片的创意。

二、进行从创意诉求到市场反馈的换位思考练习。从下面的广告口号中选择两个，分析它们是由什么样的市场信息转换而来的。

1.Apple：Think different.

2.丹姿：喜欢天生丽质的你。

3.宝马：我终于有了"宝马"。

4.Jeep：没有故事，不成人生。

5.儿童速体健：孩子，我要你将来比我强。

6.Converse：We call it life.

7.福特：你不妨数数身边驶过了多少辆"福特"。

8.第一银行增资卡：现在的 Nobody，未来的 Somebody。

9.凯迪拉克：雄性的退化是这个时代的悲哀，好在有凯迪拉克。

10.大众甲壳虫：该车外观一直维持不变，所以外观很丑陋，但其性能一直在改进。

团体训练 在既定的时间内完成个人训练的创意，然后与团队分享完成的情况及完成后的感受。

自然

你看过的最有创意的广告是什么样的？

李奥·贝纳曾说："伟大的创意或平面广告，总是出其不意的单纯，触动人心而不凿斧痕。"

简单、直接、出人意料而又自然而然，是好创意的标准。

然而，为什么同样都是思考的结晶，我们的创意会有"自然"和"生硬"的区别呢？

关于"生硬"有两种解释。一种解释是不自然、不纯熟，表现在创意中，就是说我们的思考还不到位，还有一些方面没有考虑充分，还差一些"火候"，或者"火力"还不够，我们的作品可能"端出来"有点早了。另一种解释是"生搬硬套"。放进创意作品中的各要素之间的融合还不够，各要素不能完整地为同一个目标服务，各要素之间不能实现"1+1＞2"的效果。

创意行业比较认可这样解释创意：创意就是将不可能联系在一起的两个事物巧妙地联系在一起，并产生了出人意料的新意义。这一新意义就是创意,而把事物巧妙联系起来的过程就是指创意的过程。

在创意过程中,基于客户的要求和市场的状况,要想找到最适合的两种事物、最巧妙的联系方式,进而产生新意义,需要日积月累,挖空心思,殚精竭虑,不断寻找适合的事物,不断改变联系的方式,不断否定之前的做法,在经历寻找、发现、迷惘、挫折、突破和重生之后,你才会找到最佳的事物和最佳的方法,继而提出一个优秀的创意。

所以,生硬的广告实际上是偷懒和低能的表现。如果不注意平时的积累,不经历精益求精的过程,不能承受过程中的各种痛苦,很难获得创意的"新生"。

在这里,可以参考王国维《人间词话》中的观点,他引用了三句诗来表达治学的三重境界。第一重境界:"昨夜西风凋碧树,独上高楼,望尽天涯路";第二重境界:"衣带渐宽终不悔,为伊消得人憔悴";第三重境界:"众里寻他千百度,蓦然回首,那人却在灯火阑珊处"。这三重境界的意义是,"凡夫俗子"必须站得高、望得远,然后要学会忍受孤独,最后还要善于发现和寻找,才能实现人生目标。

同样,要想获得优秀的创意,你必须明白这一过程,并遵循这一过程,在享受艰难过程的同时,也享受创意带来的成就感。否则,你将永远不可能提出优秀的创意,你的创意永远是生搬硬套的、不自然和不纯熟的。

"历经千辛，终成正果。"用这句话来形容创意工作毫不为过，任何优秀作品的得来无不遵循了这一规律。

如果你每次的创意总是看起来很"生硬"，那就说明你的"内功"还不够，或者你在每一次的创意中下的功夫还不够。

个人训练	找一个你觉得比较"生硬"的广告，或者你过去所做的一个感觉"生硬"的广告，重新进行创意，下足够多的功夫。 最后进行测试，看看你的新创意的效果与之前的相比有何不同。

团体训练	针对一个命题，全体成员自由安排时间进行创意，在一周后分别进行提案。然后，将作品从"生硬"到"自然"分出不同档次。 最后，听听不同档次作品的创作者的创意过程和感受，进行比较，看看从中可以发现什么。

3 "度"

压力

压力让创意具有弹性

你可能喜欢天马行空，无拘无束，讨厌一切压力，极度崇尚自由，而过于自由，也会让你失去更多。

很多时候压力反而能帮助我们激发创意。

压缩时间反而让创意反弹。例如，在与客户签约的时候，如果给你一个月时间，那你就会一直拖延，但是如果一开始就告诉你，三天之内必须交稿，那你就会很有压力，然后在压力之下高效地完成任务。

有时候，过长的任务期限，反而会导致我们犯拖延症。

拖延是有原因的，原因不一而足，有时拖延并不一定是因为你懒，而是因为你潜意识里想要追求完美。推荐大家阅读《拖延症》和《自控力》这两本书，读后会使你对拖延、自律、自我有更多的认识。

缩短任务时间，很多时候反而能帮助我们得到更出色的创意，让我们高效地完成任务，有时压力越大，创意思维就越活跃。《哈佛商业评论》曾刊登过一篇文章，名为《枪口下的创意》，这篇文章分析了如下几种情景：

第一种情景，在有轻度压力的情况下表现出丰富的创意性思维，由于压力小，人们可以进行各种天马行空的尝试，创意思维也可以无限爆发，感觉就像在从事冒险活动一样。但是，在没有压力的情况下，也必须经得起安逸环境的诱惑，我们需要有极强的自制力，不断挑战和激励自己。

第二种情景，在没有压力的情况下，表现得完全没有或者很少有创意思维。这种情形就像坐在自动驾驶舱里，不用担心驾驶问题。但是由于压力不足且缺乏自我约束能力，人们容易囿于安逸，找不到明确的目标，把该做的事一拖再拖，到了最后觉得生活单调乏味，从而没有了创新的激情。

第三种情景，虽然有足够的压力，但是没有明确的目标，创意匮乏，这时就像在跑步机上跑步一样，不停地跑，但是枯燥乏味。

第四种情景，在高压的状态下激发无穷的创意，这时，人们感到压力巨大，但深知自己在做什么，为什么要这么做。这时任务就更像一种使命，让人们发挥出所有潜在的能力。电影中经常有这样的情节：某个人物处在生死攸关的关头，电话或可视视频外连接的是一众心急如焚的科学家、政府官员等，这时，人们的各种创意就会被无限地激发出来，人们想尽各种办法，最终在最后一刻想出一个创造性的办法去营救命悬一线的被困人物。在突发事件带来的巨大压力下，人们潜在的创意思维往往会被激发出来，使其完成平时难以完成的任务。

除了时间的压力，资源的压力也会让创意反弹。资源越少，创意越多。处于起步阶段的企业经常会遇到各种压力，它们必须解决资源不足的问题，将产品尽快推向市场。但这种压力对于新兴企业来说，并不完全是坏事，很多时候，压力就像催化剂，逼着人们在各种限制中凭着创意思维将困境转化为机遇。

电影《自娱自乐》讲述了一群农民拍一部武侠电影的故事，其中就有很多人在资源紧缺的状况下极大地运用了创意思维的情节。比如，靠敲肚子制造出马蹄声；没有摇臂和滑轨，就围着主人公挖出一个圈，其他人在圈里举着竹子围着主人公转，这样就能营造出主人公策马奔腾的感觉；没有威亚，拍不出轻功画面，就靠后期剪辑，镜头回放主人公往下跳跃的画面。最终在资源短缺的情况下，农民完成了武侠电影的拍摄。

电影《荒岛求生记》中也有很多主人公在物资短缺的情况下，充分发挥创意思维求生的情节。

虽然压力无处不在——时间限制、资金制约、人才短缺、竞争残酷等，但正是因为这些压力的存在，才迫使你放飞想象，发挥创意思维。

　　广告业内有句话叫"戴着枷锁跳舞"，广告业是最需要创意的并且创意表现也是最多的。

个人训练 对比一下你在完全没有压力、有一定压力和压力特别大的情况下产生的创意有何不同。

团体训练 针对某一个广告项目，给每人2分钟准备时间进行创意思考，同时安排一个人倒计时，从120开始大声倒数。倒计时结束，请成员完整讲述创意，看看在超短时间的压力下，能不能高度激发他们的想象力。

创意过头

过犹不及

创意需要想象力，给人们带来新意，让人们惊奇，让人们幻想。有时可能因为你太有想象力了，你的想象超乎了人们的"想象"，人们无法理解你要表达的意思。人们可能看到了你的广告，可是他们却一脸茫然。

不能让人们明白的创意不是好创意，广告的根本目的是传达产品或服务信息，创意的目的是更好、更快和更低成本地实现广告的目的。

我们要做的是能让受众"明白"的创意，许多广告大奖赛中的获奖作品，广告专业人士都无法看懂。这不是因为它们没有创意，相反，正是因为它们"太有创意"了，广告大赛委员才颁奖给它们。我们只是把这种现象作为一个例子，这并没有什么好质疑的，因为参赛作品的诉求对象是评奖委员会的委员，而不是我们。

还有一种情况，就是在国外刊登或播放的广告，它们被纳入到了经典广告创意案例合集中，应该是很有创意并为广告主带来丰厚收益的广告，是真正有创意的广告。可是当它们出现在我们眼前时，我们要么一脸茫然，要么觉得稀松平常。这可能是因为文化背景的关系，导致我们无法理解。

举这两个例子是为了提醒大家，在进行创意时，要明确目标受众，明白什么样的创意会对受众起作用。

在"很有创意"和"没有创意"之间，可能只有微小的差别。如果你的创意过于迎合受众，反而得不到他们的好感，但是如果你的创意过于超越受众的认识，他们也不会把你的创意当作一件艺术品"细细品味"，这样的作品适合摆在艺术馆中，而不适合放在大众媒体上。

所谓"过犹不及"，在"太过"和"不及"之间，我们应该寻找一个度。我们的创意不应该让受众觉得太过普通，普通到没有任何新意，不能给他们留下回味的空间。我们的创意不能过于平凡，但要让受众稍微开动一下脑筋就能明白，而且要让受众从中找到有意义，从而获得精神上的愉悦感或成就感，这也能让他们觉得彰显了自己的"智慧"。

换个角度来说，这个世界上没有人认为自己是庸俗的、智商不高的，他们总想在某些方面表现出自己的与众不同和聪明才智，否则就不需要创意了，广告只需要直白地传递信息就好了。

这种现象是人类不断探索未知世界的本性的表现。人们对已经熟悉的事物视而不见，而对新鲜的、需要进行分析和探索的事物充满好奇。但是这种好奇是有前提条件和限度的，如果这个事物太复杂、太晦涩，需要付出太多的时间和精力，而这种付出又不可能有相应的回报，那人们就会主动放弃，不再好奇。

所以，好的创意应该能激发受众的好奇心，而且受众能很快、很容易地明白其中的含义。否则，你的创意要么放进艺术馆，要么扔进垃圾桶。

个人训练 想一想，哪些广告看起来确实"有创意""与众不同"，但你却不明白其中的意义。

在你过去的创意经历中，有没有自认为很有创意却不被人们所理解的广告。如果有，请将它们改得不是那么"太有创意"。

团体训练 将你曾经做过的一个"最有创意"的创意拿出来与大家分享，看看大家怎么评价，会不会被客户接受，目标受众的理解度如何，它对提升广告的效果会不会有特别的帮助。

然后，重新审视你的创意，界定它对于客户或受众来说是不是真的"最有创意"。

4 会议

头脑风暴

熟练使用头脑风暴

　　只要你进入了创意行业，你就会常常和头脑风暴打交道。头脑风暴就像许多智慧的"头脑"在不断地猛烈"碰撞"，产生创意的"电光"或者"火花"。这种"碰撞"越强烈，"火花"就越耀眼，震撼力就越强。

　　创意就是要出其不意，语出惊人，以迅雷不及掩耳之势夺人眼球，在震撼人心之际"摄人魂魄"，而这些需要依赖于头脑风暴。

　　关于头脑风暴有两种看法：一种支持头脑风暴，并认为头脑风暴是获得创意的最有效方法。另一种则认为真正伟大的创意永远来自杰出个人的头脑，而非一群"庸庸碌碌之辈"聚在一起一阵"胡言乱语"就能得到的。他们认为，伟大的创意来自某个人而非一群人。

我认为后者有些偏颇，这些"大师"根本不懂得头脑风暴的精要所在。我认为头脑风暴是一种催生创意的最好的也是唯一的方法，一群人可以进行，一个人也可以进行。头脑风暴更应该是指通过不同角度和层面激发我们的想象力，在多重角度和多个层面的碰撞、互动中，催生出一种最具新意和最有效的创造性解决问题的方法。

所以，一个深谙头脑风暴精髓的创意人懂得如何组织一群人进行创意，也知道如何一个人进行创意。相对于个人独立创意来说，一群人的创意更能激发出新的创意。

关于个人的头脑风暴，其实就是个人的创意方法和技巧，正是本书的主要内容，在本书的其他部分也会有所介绍。在此，我给一些关于一群人的头脑风暴的建议，希望你能成为在头脑风暴中"如鱼得水"的那一位。如果你是这次创意的负责人，希望你能借头脑风暴得到你想要的创意。

（1）优秀的主持。要有一个合适的主持人，这个人不一定是最有创意的人，但也要够有创意。最重要的是他要知道如何才能通过头脑风暴获得最好的创意。

（2）放松身心。在开始头脑风暴之前，一定要让所有参与者相互熟悉，因为在陌生人面前，人们会比较拘束、有所顾忌。

（3）不得打断。不管你是主持人还是参与者，都不要干扰或打断别人的话，这样很不礼貌，也阻碍了创意的产生。可以在别人说话的同时，把你的想法迅速写在纸上或者默记在心。

（4）及时发言。当你有想法时，不要等它成熟，赶紧找机会说出来。如果有人在中间插了你的话，你一定要把话头抢回来，直到把你的想法说完整。

（5）快速记录。不管你是不是负责记录的人，当别人说到一个你认为很了不起的点子的时候，把它记下来。

（6）避免争论。如果出现了争论，不管与你有没有关系，都应及时阻止，不要纠缠在某一个点上。

（7）适时叫好。不管你是不是主持人，适时为别人叫好，有助于对方提出更好的创意，也利于激发其他人想出更好的创意。

（8）全情投入。不管最后的创意是否直接与你有关，你都要记住它的得来有你的贡献，所以你要全情投入。

（9）邀请"异类"。如果你是头脑风暴的组织者，一定要确保参与者中有"异类"，多多益善，他们在头脑风暴中会带来奇迹。

（10）活跃气氛。记得在会场提供好吃的、好喝的和好玩的，以及各种有助于活跃气氛的"段子"。

（11）详细记录。会议一定要安排记录人员，他要知道该记下哪些内容，会后马上整理会议中提到的好点子，将其提交给负责人。

（12）积极参与。只要有机会参与头脑风暴，一定要积极参加。参加头脑风暴不用花钱就可以学到很多知识，而且有助于不断激发潜能，提高创意能力。

个人训练 根据一个命题，组织一次头脑风暴，记住本节给你的建议，会议过程中你可以做主持人，也可以不做，会后形成一个会议报告。

团体训练 根据同一个命题，分小组进行头脑风暴，每个小组安排一位小组长负责组织，记住本节给你的建议。
会后由小组长形成会议报告，向全体成员汇报。

六顶思考帽
高效有趣的会议

你是不是厌倦了没完没了的冗长会议？

你坐在椅子上，要么在别人的喋喋不休中昏昏欲睡，要么被争论声搞得头昏脑涨。

接下来要介绍的方法，是一种操作极其简单、经过反复验证的思维工具，这就是由横向思维的创始人爱德华·德·波诺博士提出的"六顶思考帽"法。

"六顶思考帽"法将人类的基本思维功能分为六类，并把这六类基本思维功能用六种不同颜色的帽子来比喻。大多数人一般都钟爱一种颜色的帽子，也就是说人们通常都习惯用一种固定的方式思考问题，很少变换思维方式。当然，这也不是绝对的，人们偶尔会换顶帽子戴戴，但通常在出门的时候，总是会选择挂在门口的衣架上、抬手就能拿到的那顶帽子，这顶帽子他们已经带了很多年了。虽然有时也会换成其他颜色的帽子，但他们还是最习惯戴这顶自己钟爱的帽子。

可以通过这个方法帮我们转变思维方式。

每个颜色对应的思维方式如下。

白色：中立的，客观的，重视信息、数据，擅长逻辑思维。

绿色：偏爱各种可供选择的方案和新颖的念头，不满足于已有的方案。

红色：重视对某件事或某种观点的预感、直觉和印象，带有很强的感情色彩。

蓝色：有纵观全局的气质，处理问题特别有条理。

黑色：谨慎、批判和评估，总是试图发现方案或计划的不足之处。

黄色：积极乐观，总能给大家带来欢乐。

按照平常的思维方式，你属于哪个颜色？

当然，因为绿色帽子在中国文化里有特别的含义，所以，你也可以把它想成"六双思考袜子"法，看看你的思维最常"穿"的是什么颜色的"袜子"。仔细观察身边的人，你会发现不同学科的人往往会有自己钟情的思考帽。想想看，你觉得广告创意人最喜欢什么颜色的帽子？

这六种思维方式，几乎涵盖了所有思考的方法，因此，团队在进行讨论的时候，可以使用这种方法，鼓励队员从多角度思考问题，达到创新型解决问题的目的。会议开始前，准备六种不同颜色（蓝、白、黄、黑、绿、红）的帽子（或袜子、旗子）。

会议开始时，负责人给大家发白色的帽子，要求大家保持中立客观的思考态度，将问题的有关信息全部详细地列出来，然后，换成绿色的帽子，让大家充分发挥想象力，提出尽可能多的解决方案；接着，换上黑色的帽子，让大家从批判的角度出发，找出各个解决方案的不足之处；最后，换上蓝色的帽子，让大家从整体的角度出发，选出最合适的解决方案。

| 个人
训练 | 与身边的人交流各种问题，观察他们的思考模式，找出每个人喜欢戴的那项帽子，也就是他们习惯使用的思维方式。 |

| 团体
训练 | 同样一场会议，对比不使用六项思考帽法及使用该方法的情况，看看是否可以有效节约时间，并获得更好的结果。 |

第**4**篇

爆品创意，听消费者的

1 受众

关心

关心消费者

大学有一门课程叫"消费者行为学"或者"消费者心理学"，这是市场营销有关专业的必修课程，是学好市场营销的基础。

什么是市场？市场是具有某一共同消费需求和消费特征的人的组合，没有消费者就没有市场。因此，市场营销就是围绕某一消费群体进行的种种促进销售的活动，广告是市场营销手段中最直接的一种。

在市场营销中，人们往往注重看得见的产品、价格、渠道、促销和广告，却容易忽略最根本的消费者。如果你不关心消费者，不了解消费者，就很难说服他们购买你的产品。

《孙子兵法》写道："知彼知己，百战不殆；不知彼而知己，一胜一负；不知彼，不知己，每战必殆。"

在现代商战中，营销人员往往更关注竞争对手的表现，将竞争对手当作敌人，而忽略了最终决定胜败的消费者。

从这个角度来说，商战真正需要攻克的"敌人"是消费者，赢得了消费者，也就赢得了市场。我们需要做的是"收买军心"，让"军队"对过去的"统治者""倒戈相向"。

所以，我们应真正关心消费者需要什么，他们对产品有什么特别的要求，目前的品牌在哪些方面未能满足他们，他们在购买时都会受到哪些因素的影响，他们乐于看到什么样的广告，是什么让他们满意，是什么让他们失望。只要足够关心消费者和了解消费者，就一定能找到"直通罗马"的大路，让广告打动消费者的心。

创意就是创造性地解决问题。从竞争对手的身上是找不到创造性地解决问题的途径的，只有从消费者的身上才能找到有效的途径。然而，在营销工作中，竞争对手的表现是明确的，而消费者的需求却需要进行大量的调查工作才能了解，而且难以准确掌握。因为，我们都在依据竞争对手而做出决策，而不是根据消费者来做出抉择。

所以，我们看到的广告大多没有真正的创意，只是同行业中竞争对手的广告的"翻版"，如"修改版""删节版""扩充版""完善版""参考版"，甚至"抄袭版"。

在一些行业中，可能整个行业的广告都已经偏离正确的方向很久了，可是行业的所有品牌还在错误的方向上"鏖战不休"。广告的重要效果就是提高知名度，但是没有哪个品牌的广告能真正打动消费者，这导致整个行业的发展受阻，一旦有替代产品或替代服务出现，就会导致整个行业的崩溃。

从古代战争的角度看，就像两个或多个统治者争夺军权，大家争斗不休，最后才发现，其实军士不服从他们中的任何一方，只是在等待新的领导者的出现，一旦有合适的领导者，军士就会脱离原先的统治者。

每一个市场的竞争都会带有国家的政治、经济和文化烙印，受到意识形态潜移默化的影响，营销人员在商战中没有正确的营销观念，从而执行了错误的营销战略。市场经济是一个开放的空间，其发展需要更独立而清晰的思考，需要彻底从"政客"的理念和做法中脱离出来，真正做到为人民服务。

真正做到一切创意从消费者出发，关心消费者，让消费者满意，才是创意成功之道，也是企业成功之道。

更重要的是，在日常的每一个决策中，将这一要点贯彻执行。

你认为目前哪个行业的广告已经偏离了正确的方向，也就是完全"不关心"消费者的方向？基于你对消费者的了解，提出新的更有效的做法。

选择若干行业，对应将团队分成若干小组，每个小组围绕一个行业的广告进行批判性讨论。

然后，基于消费者的需求，探索更正确和更有效的广告创意方向。

捕捉心声

捕捉消费者的"心声"

每个人都要懂一点心理学，创意人应该精通心理学。

消费者如何感觉？如何认知？如何理解？如何被说服？如何记忆？如何遗忘？情感倾向如何形成？态度如何形成并如何改变？

广告从根本上是对消费者的心智所下的功夫，从感觉到认知、理解、接受、记忆、情感、态度，直到对消费行为的影响，广告应在每一个环节进行考虑，并进行创意表现。

宏观的政治、经济、文化和社会环境，微观的家庭、朋友及社交圈，个体的特征及生活的方式，都会影响消费者的态度和购买选择。

创意的基础是周密的调研，调研的目的在于掌握消费者的各种心理和行为特征。创意的目的在于有针对性地触动消费者的心理，继而影响消费者的消费行为。

消费者有什么心理需求？他们有什么样的向往？他们的欲望来自哪里？他们有什么样的文化特征？他们有什么样的价值观？他们正在寻求哪些方面的满足？

创意人 Johns Tingley 写道："几乎每一位伟大的广告创意人都是人性的好学生。他们对曾经接触过的各种潮流、人格和文化类型都深感兴趣，对'人类的处境'极为着迷，对'看人'永不厌倦。"

创意人应该喜欢"人"，了解"人"，琢磨"人"，进入人们的内心，找到他们最敏感的心弦，撩拨它、刺激它，让他们迷乱，失去自我，然后将他们"捕获"。

想一想，如果你不懂心理学，不知道人们为何哭，你如何才能创作出让千百万人哭的广告？如果你不知道人们为何笑，你如何才能创作出让千百万人笑的广告？如果你不知道人们为何疯狂，你如何才能创作出让千百万人疯狂的广告？如果你不知道人们为何悲伤，你如何才能创作出让千百万人悲伤的广告？

如果你不能让人们陷入某一种情感状态，你如何才能让他们掏出钱包，将他们辛苦挣来的钱交给你？

市场上的同质产品和替代产品已经太多了，人们凭什么选择你？在技术透明、成本透明及渠道同质的今天，广告已经成为制胜的关键，创意则是广告的"发动机"。不研究消费心理，就不可能有真正的创意。

对于创意人来说，如果只需要学习一种科学，那就是心理学。心理学会帮你解析人的心理现象和种种规律，分析影响消费行为表现的心理因素，以及应该在哪个环节去解决销售的问题。

作为创意人，每天的工作除了进行创意性的思考，还应该研究消费者。

想一想，你之所以一直没有伟大的创意，是不是因为你根本不了解消费者在想什么、想要什么？你是不是每一次进行创意都是抱着侥幸心理，希望能"瞎猫碰着死老鼠"呢？

如果用一个词来形容不研究消费心理的创意人，那就是"伪创意人"，他们的表现就像《滥竽充数》中的南郭处士一样，每天装模作样地吹竽，却从未演奏出任何音乐。

"伪创意人"每天都在做创意，可是他们的创意打动不了任何消费者，他们每天只是在打动自己。

找 3 则广告对目标受众进行测试，看看他们对广告有什么
反应。

不管反应如何，请分析受众做出该反应的原因。

分成两个小组，围绕同一个命题进行创意。

一个小组花 1 个小时来研究消费心理，然后花 8 个小时进
行创意；另一个小组花 8 个小时来研究消费心理，然后花 1
个小时进行创意。

最后看看结果有何不同。

你与你们

受众是"一个人"，而不是"一群人"

想一想你的广告是在对谁说话，是一群人吗？你认为你的广告
是对某个年龄段、某个收入阶层或者某种消费喜好的一类人群"说
话"吗？错！你是在对一个人说话，因为只有"一个人"在听你说

话，就是一个人。

当你用"你们"创作的时候，你就把你和受众的距离拉远了。想象一下，你在演讲台上对着一群人说话，你高高在上，听众与你是有距离的，你们不一样，你们不是一类人，也就意味着你们是"走不到一起"的。

想象一下，当你听到有人分别对你说"你们想一想"和"你想一想"时，你会倾向于对哪个做出反应？被问到"你们想一想"时，你可以不用做出反应，因为"你们"中的其他人会去想；当被问到"你想一想"时，你马上就会做出反应。

这就是主体与个体的区别，当称呼受众为"你们"时，受众中的每一个人只是一个"个体"，他并没有被抽离出来，他不代表自己，也不必做出反应。当称呼受众为"你"时，受众中的每个人都变成了"主体"，他们都是活生生的人，具有个人的特征和情感，他们才会真正和你互动，这时你的广告才会起效。

文字是创意的表现，创意的核心一般会表现为一个广告的主题，通过文字表现出来。广告中的每一个字都很重要，一个字用得不到位，就会影响广告的威力。正如在这里所说的"你们"和"你"的区别。

要记住你是对一个人说话，而不是对一群人说话。不管是在文案的表现上，还是在创意的思考过程中，都不能把你的说服对象看成"一群人"，而要具体到"一个人"身上，他有特定的形象、特定的品格和特定的感情，你能感觉到在你创作时他就站在你的对面，会对你的创意感到惊奇、满意、腻烦、不屑。

要在创意过程中与你的受众进行眼神的交流，你可以通过你的创意或表现捕捉他的视线，让他停下手上的事务，停下其他的思考，一心一意地与你的广告进行互动。

想一想，抛开内容不谈，是什么让你聚精会神地听一次演讲？如果演讲者从一开始就盯着你，让你感觉他不断地在寻求与你的互动，那你一定会认认真真地从他所表达的内容中找到你所感兴趣的，并积极思考，在对方需要的时候做出适当的反应。反之，你可能会像一个木偶一样，等待时间流逝。

一位好的演讲者一定懂得和听众不断进行个性化互动，从而增强演讲的效果，他们都是最好的"劝服者"。同样，一名好的创意人也应该懂得如何和受众进行个性化互动，从而增强广告的效果。

所以，使你的广告让每一个看到它的目标受众都感觉里面的内容就像是在对他一个人诉说的，这个广告了解他、懂他，那么他就会被你的广告打动。

个人训练 写一段劝服性广告文案，里面全用"你们"或者"你"。对比一下，看看广告的效果有何不同。

团体训练 以团队成员作为你的目标受众，写两则广告播音稿。一则针对团队中比较有代表性的某一成员进行诉求，另一则笼统地针对全体成员进行诉求。

最后，测试两个播音稿的效果有何差别。

2 "真"

真诚

足够真诚

如何处理创意人与消费者的关系？

这两者之间有什么关系呢？正确处理两者的关系是我们成为优秀创意人的关键。

你认为创意人每天都在和客户打交道吗？实际上他们是在和消费者打交道，没有消费者也就没有广告人，当然，客户也将不复存在。

创意人每时每刻都在揣摩消费者，而消费者每时每刻都在以行动对创意人的表现——也就是一则又一则广告——做出回应。

不是客户决定创意人的"活路"，而是消费者决定客户的"活路"，然后客户才决定创意人的"活路"。所以，创意人最终要说服的并不是客户，而是消费者。

大卫·奥格威说："请不要把消费者当作笨蛋，要把他们当作你的妻儿。"在一些广告人眼里，消费者似乎是这个世界的"第三种人"，是一群等待被愚弄、蒙骗和刺激的人。这些广告人从不相信这个世界上有真实的广告，他们以为只要稍微动动脑筋就能忽悠消费者。

然而，消费者见过的广告多了，你的广告对他们来说不再重要。

从本质上来说，消费者是厌烦广告的。当然，也可以理解为他们厌烦制作广告的人。

我们应如何对待消费者？有三条建议。

第一条：真诚。

第二条：真诚。

第三条：真诚。

什么是真诚？很简单，真诚即真实诚恳。要想获得对方的信任，就必须真心实意，坦诚相待，从心底打动对方。

要想打动消费者，获得他们的信任，需要真诚。

你可以对客户不真诚，但你得对消费者真诚。

当你真正做到对消费者真诚之后，你会发现，你已经成为出色的创意人了。你也会发现，一路走来，很多客户都离你而去了。但请不要为此而难过，因为他们害怕对消费者真诚。

现在，你明白为什么真正杰出的人都是"偏执狂"了吗？他们通常只认一条真理，他们通常只遵守一条原则。

同样，在创意行业要想成功，也需要足够"偏执"。这并不是我编造的规律，我只是沿用了自然的规律。

个人训练 　回想一下你所做过的创意，有没有对消费者不真诚的地方，有没有因此而影响到广告的效果。

如果有，现在让你重新创作，你会怎么做？

团体训练 　从针对团队成员这一类型的消费者的广告中，每人找出一则不够真诚的广告，进行评析。如果想让它更真诚，或者绝对真诚，你会怎么做？

对比现在的做法和原来的做法，以团队成员为测试对象，看看两者的效果有何不同。

说谎
不要说谎

在生活中，我们总能听到有人说广告就是在说谎："你看，他们又在骗人了！而且还'变着花样'骗人！"于是，很多初入行的广告人也以这样的眼光看待广告，在和新人的沟通中，当问到他们如何看待广告时，总会有这样的声音："广告就是在说谎，做广告就看你会不会说谎。"

他们的意思是"广告里面的内容都是骗人的，而做广告的人整天想着怎么骗人。谁做的广告好，就意味着谁的骗人手段更高明"。

每当我听到这样的话时，我总会在心底发出一声怒吼："到底是谁教你们的？"

对市场上相对公开透明的广告我们应该这样去看待吗？你以为依靠耍手段就能骗过消费者的眼睛吗？其实消费者比你聪明。

Bob Levenson 说："你的消费者很可能比你聪明，而且更有警觉性。他毕竟不是做广告的，你才是。"Tom Thomas 说："设计广告的人应该假设消费者至少和自己一样聪明。"

如果你认为创意人每天想的就是如何才能骗人，那我建议你早点离开广告行业，这个行业不需要骗子。当然，每个行业都不需要骗子。如果你留在广告行业，你将成为被消费者称为骗子的广告人。

同样，已经堕落了的骗子广告人，请早点离开这个行业，因为你们做的广告早已被人们唾弃了，已经没有消费者买你们的账了。

想一想，我们所看过的那些优秀的广告，曾经打动过我们的广告，哪一则广告让你看到了"骗人的嘴脸"。那些拙劣的广告，企图通过骗术来骗过我们的眼睛。正如乔治·路易斯所说的："为什么有这么多拙劣的广告是以聪明的消费者为对象的？"

优秀的广告总是闪烁着智慧的火花，让人们感受到智慧的力量，感受到人性的美好。正是这些，让人们更青睐广告中的产品，这是一种"移情效应"，人们把广告让人产生的这种美好的感情转移到了广告中的产品上，人们购买了这种产品，也就将这种感情"带回了家"，或者得到了这种感情的依托。

这让我想到了情侣之间互相追求的过程，爱情靠欺骗是不会持久的，谎言早晚会被揭穿，然而如果不表现自己好的一面或者没有掌握追求技巧也可能失败。如果把追求爱情和赢得消费者按照一个原理来看待，那我们需要真诚地带给对方温暖和美好的感受，给对方安全感，表现自己优秀的一面，表现自己适合对方的一面，这样我们才能获得美好的爱情，或者获得消费者的青睐。

只有真诚才能带来永恒，说谎只能一时蒙蔽人的眼睛。

不管在哪个领域，都充满了真理和谬论，我们要不断追求真理，同时也要不断否定谬论。如果你想在广告行业取得好结果，就必须停止说谎。

当消费者都说"广告是在骗人"时，如果你还相信"广告就是需要骗人"，那你真的不适合在这个广告行业"混下去"。

个人
训练　选择若干优秀的和拙劣的广告创意，看看它们的区别是不是一个的目的在于"说谎"，一个的目的在于"不说谎"，而且于力求带给消费者美好的东西。

团体
训练　每人分别找一则优秀的和拙劣的广告创意，把它们集中在一起，让大家点评，看看它们"是否说谎"，或者在"说谎"的程度上是否有明显的差异。

希望从此以后，你再也不会认为创意的本质就是说谎了。

第 5 篇

爆品创意，客户最清楚

1 客户

爱客户
爱上你的客户

在所有创意中，我们都强调要打破规则，但是在创意过程中有一条规则是无法打破的，那就是你的创意必须经由客户同意才能成为一个"真正的"创意。

无论你的创意看起来多么完美，那都是虚的，没有任何价值。只有客户接纳了它，并最终付诸实践，创意才有价值。

必须了解你的客户，因为你要说服他，让他为你的创意买单。

乔治·路易斯说："在你铆足全力前进之前，得先做好功课——彻底了解你的客户。如果你不了解客户，就算最周密的企划也会'胎死腹中'。"

在市场竞争中，到底谁是真正的"敌人"？我认为真正的"敌人"并不是客户的竞争对手，而是消费者，因为消费者决定胜负。

在创意工作中，谁是消费者？创意始终围绕产品的消费者而进行，最直接的消费者就是客户。我们要变成潜在消费者，"钻"进他的脑袋里，才能打动他，让他买客户的产品。同样，我们要变成客户，"钻"进他的脑袋里，才能打动他，让他买我们的创意。

一名不断提出优秀创意的广告人一定深深懂得这个道理，他们了解客户，知道怎样才能说服客户接受自己的创意，他们也愿意为了说服客户而付出大量的时间进行创意。

然而，很多创意人并不能做到这一点，他们自命清高，不愿意在客户身上花心思，他们认为这完全是自贬身价，而且这应该是广告 AE（客户执行）的工作，而不是他们的工作。

换一个角度，把客户当作消费者，我们不是在做见不得光的事情，我们不是把"自己"卖给他，而是把创意卖给他。我们的天职就是做创意，那么，为了将有价值的创意卖给客户而进行创意也是我们的工作。我们在客户身上花的功夫应该和在产品的消费者身上花的功夫同样多，甚至更多。

如果你接受这一点，那么就应该按照创意的要求找到说服客户的方法。如果说进行广告创意是要说服数以万计的消费者，那么为说服客户进行的广告创意就是针对一个人或者一家公司的，我们同样都是在进行广告创意。

要真正关心客户，爱客户；去了解客户，明确客户需求，掌握客户的喜好及生活方式，找到合适的诉求点和诉求方式，通过合适的表现方法去打动客户。让客户充满对未来的希望和憧憬，刺激他们，"捕获"他们。

当一个创意人太难了，既要能说服客户的消费者，又要能说服客户。是的，创意人就是这样一个角色，他能来往于客户和客户的消费者之间，他总能找到最佳的创意，这个创意既能征服客户，又能征服客户的消费者。

在创意人的心里必须一直装着"两个人"，一个是客户，另一个是客户的消费者。如果你能做到，那你就会成为既有非凡的创意，又能让客户掏钱把创意发布出来的人。

| 个人训练 | 停下手里所有的创意工作，自问：你了解你的客户吗？如果不了解，那就先去了解客户。
所有的训练都要求了解客户的消费者，而从来没有要求了解客户。想一想如何才能将创意卖给客户？ |

| 团体训练 | 分成若干小组，在同等的时间和条件下，寻找客户并向其售卖一个创意。这个创意可以提前完成，也可以临时完成。最后分享整个售卖的过程，并分享训练体会。 |

懂客户

先"审问"客户

当接到一个创意任务时，你的工作不是马上开始创意思考，而是应该全面"审问"你的客户。可以像审问罪犯那样毫不留情，因为消费者是不会给你留情面的，你的客户也一样。

"审问"客户，就是审视或调查与这次创意有关的客户信息，掌握了足够的信息后，才能开始你的创意，这样能确保你的创意是可行的。以下几个问题我们必须从客户那里得到准确的答案。

一、客户准备去哪里？

在所有你应该明确的问题当中，这一点是最重要的。你要准确记下客户让你为他实现的目标，简而言之，就是"客户准备去哪里"。如果你够幸运，客户会准确地告诉你在广告活动完成之后他想要得到多少收益。你能通过客户的种种暗示了解客户想要达到的目标。

但也存在如下情况：因为各种原因，客户含糊其词，或者你没能抓住重点，那你的麻烦就大了，因为这样你就无法确定客户需要你为他做什么。可以预想，你交给客户的第一份提案很可能被否决。

二、客户现在在哪里？

如果客户乐意告诉你他"想去哪里"，那么客户"现在在哪里"这个问题就要靠你自己去寻找答案了。

在谈到"想去哪里"时，客户往往会侃侃而谈、眉飞色舞，而一谈到"现在在哪里"时，似乎就不那么爽快了。这时你也不必过多追问，不要指望他们对你直言不讳。当然，就算他们说了，你也不要过于当真，他们不可能说得太客观。

关于这个问题，你应该去做一些市场调查，将你所需要的信息设计成问卷，针对你觉得可能给你答复的人展开调查。

三、客户愿意花多少钱？

"巧妇难为无米之炊"，广告费是决定能获得多大收益的关键。优秀的创意能通过低投入获得高收益，但是当广告费用低于某一下限时，即使再优秀的创意也难以达到理想的效果。

直接询问客户愿意花多少钱，如果他含糊其词或者刻意回避这个问题，那么可以放弃这个客户。如果你还心存侥幸，可以找一个能给你明确答复的更高级别的负责人去询问。

总之，一定要明确这个问题。

明确了以上三个问题，也就搭建好了创意的基础。不过，如果想将"审问客户"这一步做得更好，还需要确定如下几个问题。

一、客户的产品或服务足够优质吗？

在确定客户"现在在哪里"时，你可能会找到这个问题的答案。

如果客户的产品或服务足够优质，那就大胆地发挥你的天赋和潜能吧。如果客户的产品或服务劣质，并且他们无视消费者的感受，那就趁早远离这个客户，否则你将自毁前程。

二、客户的产品或服务是不是未来的方向？

你或许会问，这个问题重要吗？

很重要，你一定不愿意为一个马上就要被淘汰的产品或服务"呕心沥血"。发展的潮流是不可阻挡的，你要为一个未来光明的品牌去努力。

三、客户有优秀的营销管理组织吗？

广告的力量是微弱的。作为广告人，我们会有意无意地夸大广告的力量，但是与其他营销要素相比，广告不是最关键的要素。所以，如果没有优秀的营销管理组织在各个要素上的推动和配合，再优秀的创意人也难以实现客户的目标。

四、客户有长远的计划吗？

"你想走得远吗？"你的答复一定是肯定的。

但是你的发展依赖于客户的发展，广告的成效需要时间，客户品牌的"锻造"非一朝一夕就能完成的，它有赖于长时间的"敲打"。

尽可能和一家有长远计划的公司共同发展，它会给你时间和空间，不会让你不知所措。你难道能指望一家没有长远计划的公司让你真正发挥创意的"神奇功效"吗？

个人训练　你足够了解你的客户吗？
请选择一个客户，对他进行一次全面"审问"，你必须能够完整而又有理有据地回答本节所提到的几个问题。

团体训练　根据一个命题，分小组进行创意，在此之前必须对客户进行全面"审问"。创意完成后，进行提案。
最后，根据亲身感受谈谈"审问"客户与创意之间的关系。

2 关系

你的角色
足够专业

你应该如何处理与客户的关系？

一般来说，你追求的是优秀的创意，客户追求的是市场份额和利润，你和客户的立场、目标不会总是相同的。你和客户常常是对立的，但是你们必须找到一条最合适的路，否则就会分道扬镳。

你要寻找相互妥协的办法，但你又必须在相互妥协中保证你的创意能力能得到最好的发挥，你的创意不被修改得面目全非。无论如何，你必须在和客户处理好关系的同时保持创意的独立性。否则，你将是一个"卑躬屈膝"的创意人，你永远也不会有独立而优秀的创意。

我的另一本书《策划在左，文案在右》曾界定过广告人和客户之间的关系，并给出了明确的处理思路。下面结合其中的精华部分，从创意的角度分享处理与客户之间的关系的思路。

我们常常听到"客户是上帝""客户是企业的生命""客户就是一切"……但是如何体现这样的客户服务理念？在这里，我想先厘清创意人和客户的三层关系。

第一层：协议约束的服务关系

在现代商业中，企业需要专业的广告服务，广告公司则提供专业的广告服务。现代商业的基础在于成熟的商业协议机制，企业与企业之间的服务内容与服务要求主要通过协议来表现和约束。规模成熟的企业主要由制度来体现管理，而人只在制度不起作用或存在漏洞时才发挥管理作用。

从这个意义上来说，广告公司与客户之间的服务关系全部体现在广告代理协议中，相互以协议为最高准则来处理各种关系。而作为广告公司工作人员的创意人，只需要按照协议约定的要求来工作即可。

第二层：商人与广告专家的职业关系

在实际工作中，创意人与客户之间的关系往往不那么严格。因为人的立场不同、思维不同、理念不同、追求不同，创意人与企业方代表之间总会存在分歧，这时应该如何处理这种关系呢？

在广告的每一个环节，客户都可能有不同的意见。理性的客户会审慎地提出意见，而不太理性的客户可能粗暴地对待创意人的智慧成果。当然，理性的创意人会审慎对待客户的意见，而不太理性的创意人则会强烈反感、极端抗逆。

这种不愉快会经常出现，尤其是磨合时间不长的客户。大多情况是源于两者的立场不同而导致观点不同，这时，你或许应该站在客户的立场想一想。当然，你也可以引导客户站在你的立场想一想。

一定要牢记客户是一位商人，而你是一位广告专家。

客户是商人，商人的第一原则是"以营利为目的"，商人永远不会做赔本生意，商人永远在算计支出与收益是多少。当你们之间出现分歧时，请想一想，是不是你违背了商人的第一原则？

你是一位广告专家，你是最精通创意的人，你知道什么样的创意能帮助客户实现他的目标。请在不违背商人第一原则的前提下说服他们。只要你用心，他们就会接受你的好意。

第三层：其他关系

你与客户之间一定还有其他关系。多年后，你可能与一些客户成为朋友，成为伙伴，成为竞争对手。人与人之间的关系那么复杂，我们的人生也在不断发生变化，谁知道你与客户之间会有怎样的演变呢？

在这三层关系中，你最需要明白和掌握的是第二层关系。

下面介绍四个等式，希望对你有所启发。

等式一：广告客户=80%的商人+20%的人

等式二：创意人=80%的广告专家+20%的人

等式三：商人=20%的广告专家+80%的其他商业方面的专家

等式四：人=80%的天使+20%的魔鬼

个人训练 找一些成功的创意人聊聊，看他们是怎么处理与客户之间的关系的。然后回头看看，其道理是否和本节所讲的一致。希望你能找到适合你的处理与客户之间的关系的方法。

团体训练 分成若干小组，批判性地讨论本节所提到的三层关系，找到更好和更有效的处理与客户之间的关系的方法。

忠诚

不要轻易"抛弃旧爱"

　　我们现在所拥有的一切都是我们的老客户所给予的，因为老客户信任、支持我们，我们才能发挥创意。我们应该对每一个支持过我们的客户心怀感恩，对于我们来说，他们值得我们努力回报，也就是用我们的智慧不断为他们提出优秀的创意。

　　没有十全十美的人，也没有十全十美的客户，我们应坦诚地面对我们的朋友，坦诚地面对我们的客户，理解他们，包容他们。

　　为什么你会那么急于放弃你的老客户呢？

　　是他们未能及时支付佣金吗？是他们对你的创意越来越挑剔吗？还是你认为服务他们越来越难了，他们身上已经无利可图了？

　　为客户解决问题是创意人的天职，因为客户有了问题，我们才有了存在的价值。可是，现在你不干了，你要放弃他去寻找新的客户，你喜新厌旧的毛病犯了。

　　在商业的世界，什么最宝贵？一定是口碑。好的口碑会为你带来源源不断的客户和财富，而你的客户就是你的潜在推销员和代言人。

人们都说开发一位新客户的成本是维护一个老客户的成本的5倍以上，如果这是正确的，那么你是否愿意用5倍于现在的成本去服务好现有的客户呢？

相对于开发新客户来说，服务老客户有很多优点。

首先，老客户与你经过多年的磨合，你们已经十分默契了，沟通成本大大降低。而对于创意来说，最难的就是沟通。所以，当你打算放弃老客户时，你应该想想是不是你的创意能力开始走下坡路了，是不是你开始懈怠，不愿在创意上下功夫了。

其次，经过长期的服务，你已经很熟悉客户的市场，你深知客户的优势和劣势，你也熟悉客户的竞争对手，知道应该怎样做才能赢得市场，你为老客户提出优秀创意的可能性远远高于新客户。可是你为什么对这一点视而不见呢？是不是因为你太熟悉客户了，做出了一些成绩，开始傲慢起来了呢？你是不是在有意疏忽他们，而忘了客户和你之间其实是唇齿相依的呢？

也许，你和客户之间真的出现了严重的问题。然而，商业的世界是平等的，没有沟通不了的问题，只在于我们有没有主动积极地寻求沟通。也许你应该做的不是放弃老客户，而是拿出第一次和客户沟通时的热情来面对他们。

作为创意人，最大的人生价值可能就是提出卓越的创意。而老客户就是你的创意平台，在面对老客户时，你可以把大量的时间花在创意上，而不是花在沟通或市场调研上。

如果转换一下二八原则，可以这样表述：服务老客户，能让你把 80% 的时间花在创意上；而开发或服务新客户，只能让你把 20% 的时间花在创意上。

想一想，哪种情况更能让你提出卓越的创意？

当然，老客户的价值不止这些，只是其他方面和创意的关系不是那么明显。

| 个人训练 | 为你曾经服务过的一个客户提出一个创意，再为一个陌生的客户提出一个创意，分别做提案，直到他们都采纳。进行对比，想想在这个过程中你体会到了什么。 |

| 团体训练 | 平均分为 4 个创意小组，在同等条件下，在有限的时间内，1 个小组服务老客户，3 个小组开发新客户。最后，比较服务的过程和结果，并分享服务感受。 |

3 产品

产品！产品！
切勿脱离产品

你太喜欢做创意工作了，沉迷于创意带来的天马行空的想象空间，找到了你的"乐土"，成为"乐土之王"。

很多创意人之所以对创意抱有长期的热情，就是为了享受这一无拘无束的创意过程，他们的想象力得到完全释放，从而获得精神的自由。

然而，在创意过程中，可能我们已经随着想象的"翅膀"飞到一个与产品毫不相关的领域，而我们毫无知觉。最终得到了一个对广告毫无意义的创意，最不应该发生的是，我们居然说服了客户执行这个创意。

或许有时我们已经意识到了创意的方向性的错误，但是鉴于这个创意确实那么"有创意",我们还是坚持往前推进。之所以说它"有创意"是因为它确实有些新奇,确实能吸引人的眼球,但是它对广告毫无意义。

还有一种情况是,我们发现了创意的问题,想将它"拉回来",让它回到产品的身边,"带上产品"向前进,然而可能一切都来不及了,我们没有时间打翻重来,或者我们已经不太可能向客户解释了,于是我们将错就错。

无论如何,这都是因为你在创意过程中对想象本身太着迷,忘记了时刻"抓紧"客户的产品。一位广告人这么说过:"你拿钱是为了让客户的产品看起来更聪明,不是让你自己看起来更聪明。"

在广告行业,我们经常说"创意就是戴着枷锁跳舞",而实际上没有哪个创意人希望戴着那个"枷锁",我们有时会诅咒这个"枷锁",但是没办法"解开"这个"枷锁"。因为我们不是艺术家,我们的作品不能独立生存,我们的作品实际上是产品的一部分。

我认为广告就是产品的一部分。在此,我提出一个"大产品"的概念,除了产品看得见的材质、技术、设计和工艺,产品的包装、价格、销售场所及人员、产品的促销活动及产品的广告,都是"大产品"的一部分。因为消费者真正购买和消费的不仅仅是看得见的产品本身,而是所有与产品有关的东西,也就是我们所说的"大产品"。

从这个角度看,我们或许能更好地进行创意工作,创意工作就是对"大产品"本身的广告部分进行创新设计，让"大产品"更"耀眼"、更值得购买。如果用一个成语来描述，创意就是"点石成金"的过程，让一个产品不仅仅是一个产品，而是一个"无价之宝"，但是消费者只需用很少的钱就能拥有它。

一个真正的创意不是看起来有创意，而是它让产品得到创意性的展示。李奥·贝纳说道："我希望消费者说'这是个好产品'，而不是说'这是个好广告'。"所以，创意的作用在于让产品看起来超过它本身的价值，让产品拥有了创意的"光环"，使产品成为备受人们追捧的"明星"，这才是创意人需要做的。

同样一个产品，通过不同的创意展示或广告，就具有了不同的特征，最终消费者所购买的就是不同的"产品"，就是我们所定义的"大产品"。

简单来说，消费者买到的产品是一样的，但是买到的"大产品"是不一样的。

创意就是为塑造一个不一样的"大产品"而服务的，脱离了产品的创意没有任何意义。如同你售卖的是牛肉，你却在说羊肉的香味有多么诱人。或许那种香味确实很诱人，但人们不会因此去买牛肉。

脱离了产品的创意，都不是真正的创意，都是创意人"渎职"的结果。

探测"爆点"

深挖产品受人喜爱的特点

在所有前提都一样的情况下，我们喜欢什么就会选择什么，我们喜欢什么就会做什么。

那么，在所有商品都没有太大区别的情况下，我们喜欢哪个品牌，就会选择哪个品牌，在情况允许的条件下，即使为此多花一点钱也愿意。

我们因何喜欢，到底喜欢的是什么？在日常生活中，我们常常说"臭味相投"，每个人的"口味"不同，所喜欢的东西就不同。同样，通过一个人喜欢的东西，也能分出一个人的"口味"。

客户的产品富有什么"口味"，或者它能满足消费者的什么"口味"？什么样的"口味"是目前流行的，并受到足够多的消费者的追捧？在"口味"的感受上，客户的产品应该给消费者带来什么，能为消费者带来什么？

如果问身边的人：产品都是一样的，为什么你购买这个品牌的产品而不是其他品牌的产品？他们会给出很多奇怪的理由，而他们唯一想说的是，他们更喜欢这个品牌而不是其他品牌。

消费者的这种感受来自这个品牌的特点，品牌特点往往不是产品本身具有的，而是和产品有关的各个方面所表现出来的整体特点，也就是品牌形象或品牌个性，也就是在本书中我们提到的"大产品"的概念。

在技术成熟的领域，产品本身是没有显著的特点的，就算有，消费者也不一定区分得出来，显著的特点通常来自品牌或者"大产品"。

现在明白挖掘客户特点的重要性了吧！如果不能通过广告表现出客户的显著特点，人们就不可能喜欢它，也就不可能购买它，即使它看起来和其他产品一样，甚至可能更好，但人们就是不买。

中国有很多歌手，他们的演唱技术没问题，嗓子没问题，唱的歌也没问题，他们可能在某些方面比当下知名度高的歌手还要好，但是他们没有粉丝，也就是没有人喜欢他们。没人喜欢他们，就相当于他们没有市场，没有节目组找他们，没有企业找他们，他们也不可能开演唱会，因为没人来听。

特点很重要，没有特点就没人认得出你，也没有人会喜欢你。深挖客户的特点，找到会受到消费者喜欢的特点。每个客户都有一些值得宣传的特点，这些特点可能都不需要你去挖掘，客户会积极地告诉你，而且毫无遗漏地告诉你，他们也乐于帮助你一起去挖掘自己的特点。

没有一个上进的客户会承认他们没有什么特点，每一个全身心投入某一事业的客户都是带着热情和种种向往而来的，相信他们也有值得消费者喜欢的理由。这需要你去找，去发现，去甄别，然后进行利用。

广告人 Tony Brignull 说："你对客户必须相当了解，所以你应该找时间去看他们（冲破业务指导与企划在他们身边布下的'保护网'），并且问些紧要的问题：他们代表什么？有什么样的目标？他们为了钱愿意和不愿意做的事情有哪些？他们对待员工如何？对待客户又如何？他们最看中什么，利润、荣誉，还是职业道德？逐渐地，一幅景象或一种声音会'浮现'出来，然后，如果你动笔之际够静默，就能把这声音传达给读者。"

"当我拜访 Dunn & Co.时，我发现那里的员工即使在同一间办公室工作超过二十年，仍互称'先生'。在我的文案里，我就称他们的顾客为'绅士'，并且故意使用他们年轻时流行的语言，如'帅啊''老哥''不得了'之类。希望你们也看得出来,我总是试着表现客户的最佳状态,而且真的对他们的产品感到兴奋。"

我们都特别喜欢具有某一个性的人,对喜欢的品牌也是如此。你的客户具有什么样的个性,他们能带给消费者哪些独一无二的感受;你想要为你的客户塑造什么样的个性,为他们的品牌塑造什么样的个性,这些都取决于你,取决于你的眼光。

如果你能通过你的创意向消费者介绍一个非常有个性的企业或者品牌,而且这种个性正好是消费者想要从这一类产品上获得的,这种个性是决定他们喜欢或不喜欢这种类型的品牌的关键因素,你的客户一定会因此而获利丰厚,而你就是背后的那位伟大创意人。

个人训练 找一个历来默默无闻、不受关注的人、企业或品牌,挖掘其独具的而且会备受瞩目的特点,形成一个广告创意。

团体训练 每个人从团队中选取一位成员,挖掘他身上会受到大多数人喜爱的特点,为他创作一篇广告文稿,并在团队中传播,让他因此而"声名大振"。

第 **6** 篇

爆品创意，都这样做

1 视觉创意

视觉创意一
你该精通的视觉创意

关于视觉创意，内容有些多，所以将其分为几个小节进行介绍。首先，先来分析受众是怎么留意视觉广告及如何了解里面的内容的。

第一阶段：关注到了"奇怪"的广告

假想你就是那一名受众，走在街上或是坐在椅子上随手翻阅杂志，突然有一个"奇怪"的东西出现了，它"抓住了"你的眼睛，它是一个广告，这个广告"有些奇怪"。

"奇怪"这个词用在这里最合适了。"奇怪"的词义为"与他人或别的事物不同，比较奇异，让人出乎意料"。这里有个比较形象的描述——当我们看到"奇怪"的东西时，会一瞬间"怔住""震住"，瞳孔瞬间放大，双脚无法动弹。

"奇怪"的反义词是"平常""普通""正常"等。想一想，在生活中，你对"平常"的东西几乎是不会特别留意的，因为你对它们太熟悉了，你不会想去了解。而"不平常""不普通""不正常""奇怪"的东西则会让你停下来想去了解它。我们不断去了解世界上"有些奇怪"的东西，以确保这个世界是我们所熟悉的，我们可以融入其中，自由自在，安心生活。

同样的道理，"平常"的广告是不会让人去留意的，而"奇怪"的广告则会让人们想要去了解它，看看到底是怎么回事。

第二阶段：明白了这则广告是怎么回事

受众的第一反应"奇怪"，一般是指广告的整体视觉设计很"奇怪"，客户留意到了这则广告，他的视线会停在广告画面上，想要了解更多信息。比如，"噢，这真有意思，这到底是谁干的？""好奇怪，这则广告到底想要干什么？""这则广告有些不一样，它怎么会这样做呢？"

客户的好奇心被激发了。受众停下脚步，甚至走近广告，想要弄个明白。这时，他会看到广告主的名称或 Logo，可能还会看到产品包装。

如果广告的信息够简单，受众通过广告主的名称、Logo 或产品包装就能明白这则广告是怎么回事。

如果广告的信息有点复杂，则可能需要一个标题来进行解释。如果你的标题"配得上"整体的视觉设计，那很好。如果你的标题

"配不上"整体的视觉设计，受众会马上就走，而且还给广告主留下一个"哗众取宠"或"肆意欺骗"的骂名。什么叫"配得上"？那就是"我们这个标题值得这样的视觉设计，你停下脚步走近前来看我们的内容是值得的，我们并不是在哗众取宠，我们这里真的有'怪物'"。

第三阶段：想要了解更多信息

如果受众已经明白了广告是怎么回事，后面的事就容易做了，一部分受众会因为了解了广告而选择离开，因为他们并不是广告的目标消费者，目标消费者则会继续停留，以了解具体的内容。不过，如果广告的品位不符合某些受众的品位，这部分受众也会选择离开。

后面的事情和视觉的关系不是很大，或许和文案的关系比较大，这里就不讲述了。

个人训练 了解一下你身边的人，了解他们对视觉广告的反应过程是怎样的，看看是不是与本节所讲的一致。

多去了解，你会对这一过程印象深刻，只有这样，在你进行视觉创意时，才会比较清醒。

分成若干小组，每个小组设一名主持人，在小组中分别呈现若干视觉广告，了解组员的反应过程，看看是否与本节所讲的一致，然后讨论要想提出优秀的视觉创意应该怎么做。

视觉创意二

你该精通的视觉创意

上一节分析了受众对视觉广告的反应过程，下面介绍视觉创意工作的主要步骤。

第一步：使你的视觉广告"被留意"

这是视觉创意的第一要求，如何才能使你的广告脱颖而出，成为那1%的被留意的部分？如果不能进行有效的创意，那么在广告上花的全部精力和费用都将付诸东流。广告如果没有被留意到，那就不可能产生促进销售的作用。

第二步：尽量简化视觉元素

Neil French 说："我设计广告只有一个规则……在任何广告里，大多数人会告诉你，至少要有四个元素：标题、图像、内文和商标。90%的广告里至少都有这四种元素。如果你能只用其中的一个元素做出一个真正有效的广告，这广告很可能会得奖。如果只用两个元素，那也很不错。如果用三个元素，还是会比报纸上的一般广告好。如果你的广告没法用这四种元素做出来，那可能说明你的基本概念不够强，或是你还没有把它充分表达出来。"

Neil French 的说法是对的，消费者花在看广告上的时间不多，你要在最短的时间内把广告信息"灌输"进他们的大脑，尽可能做到"一图胜万言"或者"一言胜万图"，这是视觉创意要做到的。只用一张图片加上企业名称或产品包装就把想要传达的全部信息包含进去，你能做到吗？

第三步：配上"聪明"的标题

没有人会排斥好的标题，请相信文字标题的"力量"。文字传达信息更精准，文字更利于口口传播，这是画面所不能实现的。毕竟我们不是在做摄影或绘画艺术，单纯的画面会给不同的人带来不同的感受，这对于广告来说不是一件好事情。如果画面会引发多维联想，那就让标题将受众引往同一个方向。广告要传达准确的商业信息，不要轻易让广告主去冒险。

当受众被"奇怪"的广告激发起好奇心时，可以让广告标题来

"解开悬疑"。受众走近广告是想要寻找答案，而你的标题就是一个答案。不管受众有没有提前想到答案，他们都会说："哦，原来是这么回事，这和我猜想的差不多。"他们会向身边的人传播你的广告的"聪明"之处。

这样，你的广告不管是"远观"还是"近看"，都会很"聪明"，不会"远观聪明"而"近看愚笨"。

第四步：表现受众喜欢的品位

通常，针对高雅人士做的广告应该是高雅的，针对庸俗人士做的广告应该是庸俗的；针对虚荣人士做的广告应该是虚荣的，针对朴实人士做的广告应该是朴实的。否则，做出来的广告会把目标消费者"吓跑"，即庸俗的广告会把高雅的受众吓跑，虚荣的广告也会把朴实的人士吓跑，反之亦然。

我们常说"雅俗共赏"，但是要做到"雅俗共赏"，需要"上层"的思想。那么，"雅俗共赏"的广告所传达的精神应该是利于全人类的。如果可以为这样的广告命名，那它应该是"人性的"广告。

无论如何，每一则视觉广告表现出来的品位都要符合目标受众的品位。

| 个人
训练 |
找几则一眼看上去就非常有创意的视觉广告,分析它们因何而很有创意,对应本节所提到的四个步骤,看看它们是否都做到了。

| 团体
训练 |
每人提供两则视觉广告,一则很有创意,另一则不那么有创意,然后集中起来,分小组进行讨论。

分析它们因何有创意或没有创意,同时推测一下这则广告是如何被设计出来的,其间可能经过了哪些步骤。

视觉创意三

你该精通的视觉创意

怎样才能让视觉广告显得创意非凡?如何才能让它们受到万人关注?

在实践中,我总结了9个让视觉广告受人关注的方法,这些方法很简单却很有效,当你需要的时候,可以派上用场。

一、往一个方向做到极致或极尽夸张

如果想要表现"大"，那就将它做到"无限大"；想要表现"小"，就将它做到"无限小"；想要表现"强"，就将它做到"不可想象的强"；想要表现"弱"，就将它做到"不可想象的弱"；诸如此类。这样，你的广告一定会"奇怪"，不仅能吸引人注意，还能展示你的卖点。

二、换一种"异常"的色调

人或物都有其"正常的颜色"，如果在一群黄种人中出现一个黑种人，或者在一群黑种人中出现一个黄种人，那么这个人就是"异常"的人。换一个方向，叶子变成红色，花朵变成绿色，这都属于"异常"的颜色。当然，"异常的"不一定是不存在的或者荒谬的，只要表现得当，就能既被人关注又能传达真实的广告信息。

三、没有图片或没有文字

一幅"平常的"视觉广告都有图片和文字。不过，广告人 Neil French 说过："在决定广告要变成哪一种广告的时候，只有两种选择——文案广告或图片广告。"他抓住了视觉创意的精髓。一则视觉广告由文字和图片组成很"平常"，没有图片或者文字，都"不太正常"，当然一则视觉广告如果没有图片也没有文字，那就"极不正常"了。想象一下，一则视觉广告上只有一个小的 Logo 或产品，那将会有怎样的广告效果？

四、将人或物颠倒或换个视角

上下颠倒，前后颠倒，空间倒转，时间倒流……把竖立的放平了，把正立的倒立了，把直角换成 45°角或者其他角，从背后往正面看，从里面往外面看……

角度不一样，出发点不一样，一切都将变得不同，这样看起来是不是有些"奇怪"？人们会想，"这则广告到底想干什么？"聪明的创意人知道自己在干什么，他不会无缘无故"故弄玄虚"，他一定有真话要说。

五、改变形状或形态

你记得人面狮身像吗？你记得美人鱼吗？在神话里，人或物本来的面貌经常被改变，这很"神奇"——"神秘且奇怪"。

改变形状，将对称的变得不对称，将直的变得扭曲，将圆的变成方的，将扁的变成尖的，将有角的变成无角的，将密封的变成镂空的……事物显得"不正常"了，它马上就会被人们关注。

改变形态，将液态的变成固态的，将气态的变成液态的，将浑浊的变成透明的，诸如此类。这看起来有些"不正常"，人们会想了解广告这样处理的原因。

六、打碎或连接

我们习惯于接受一个完整的事物，不管它是有生命的还是没有生命的。一旦将它打碎，我们就会不习惯，会将它作为一个"事件"

来看待，并想找出原因。例如，广告中完整的花瓶被打碎了，一辆跑车散落一堆零件，都会引起人们的注意。

另外，将独立的物体连接在一起，也会受到关注，一个人走过去我们不太关注，而一队人走过去我们会好奇，他们怎么会集体出现在这里？有什么"事件"发生了吗？可以想象，如果是密密麻麻的一群人在一起，那将更具"震撼力"，这一定是发生"大事件"了。你能让你的视觉广告变成一个"大事件"吗？

七、表现出"超能力"

一个人能搬动 100 千克的物体不奇怪，但是能搬动 1 吨的物体就"奇怪"了。一个大人能搬动 100 千克的东西不奇怪，而一个幼儿能搬动 100 千克的东西就"奇怪"了，他一定具有"超能力"。如果动物具有人的智力水平，将"非比寻常"；如果一个人能穿越时空，那也极为神奇。无论如何，当你听说这样的人和物时，一定会想去瞧个究竟。

让广告里的人或物具有某种"超能力"，受众一定会把你的广告"从里到外、彻彻底底"地看个明白。你可能会说，现在是科学社会了，人们不会相信什么"超能力"的，不过，人们会为了追求好玩和乐趣来研究"超能力"。就像人们都知道水是往低处流的，但是当人们看见"水往高处流"时，就会觉得很好玩，会想知道"这到底是怎么做到的"，这和他们相不相信没有关系。

八、将"不可能"变成"可能"

在都市的大街上，人们开汽车很平常，但是驾着一辆马车就不平常了。在婚礼上，出现一对男女很平常，但动物和动物举行婚礼可能就有些不平常了。狮子追羚羊很正常，但狮子和羚羊和平相处就不正常了。我们单独看飞鸟或鱼都很正常，但是将它们都放在天空中或都放进大海里，那就不正常了。

这都很奇怪，不是吗？人们会想，"他们怎么会在一起呢？""怎么在一个场景出现不可能出现的事物呢？"当人们试图"打破砂锅问到底"时，你的广告就"抓住"他们了，现在就是进行诉求的时候了。

在广告世界，没有什么是不可能的。这是广告世界，不是现实世界，广告世界是"另一个世界"。

九、互换角色

想象一下，如果一个男人怀孕，成年人在商场里哭着找妈妈，小孩训斥大人，动物指挥人类在马戏团表演……一旦角色互换，将会产生强烈的戏剧效果。

当受众在广告中看到这些情景时，他们会说："这真是奇了怪了。"不过他们也会说："这看起来真是很好玩、很好笑呢。"

这是一种很简单也很有效的方法，因为这不仅奇怪，也很有趣。人们喜欢看这样的广告，因为这既满足了"好奇心"，也满足了"好玩心"。

不管你有什么样的广告目的，这九种方法中一定会有一种方法
适合你。

个人
训练　根据不同的命题进行视觉创意，将本节所讲的九种方法都
用上。
全部试用后，你会找到拿手的一种或几种方法。

团体
训练　分成若干小组，每个小组按照本节提到的方法进行视觉创
意，在创意过程中应用头脑风暴法，每一轮只使用一种方
法，最后保证每一种方法都被使用到。
最后，小组向全体成员提案，看看是否有精彩的创意表现。

视觉创意四

你该精通的视觉创意

现在，你的视觉创意"够奇怪"或者"够受人关注"了，也"够明了"了，也就是它既能激发人的好奇心，也能让人一眼就看明白。不过这还不够，还需要进行视觉创意的最后一步——让广告超越凡俗。

我们曾提到"品位"一词，每个人都有自己的品位，但这都属于人"凡俗"的一面。"上善若水"及"厚德载物"的思想应该可以给力图超越凡俗和拥有更高品位的我们一些启示。

"上善若水"出自《老子》，原文为"上善若水，水善利万物而不争"，意为最高境界的善行如同水的品性一样，泽被万物而不争名利。

"厚德载物"出自《周易》，原文为"天行健，君子以自强不息；地势坤，君子以厚德载物"，意为天（自然）的运动刚强劲健，相应于此，君子应刚毅坚卓，奋发图强；大地的气势厚实和顺，君子应积德行善，方能如大地般容载万物，成就大业。

如果将这两个词融为一个词，那就是"厚德至善"，这就是"至上"的品位。

要使广告的品位被大众接受，必须具有"厚德至善"的精神，我们将这种精神具体转化为视觉创意的"十不"标准。

一、"不欺骗"

在广告里诚诚实实地表现，不试图隐瞒客观事实。

二、"不恐吓"

不试图通过"恐吓"手段使消费者惊慌失措、上当受骗。

三、"不歧视"

不在广告里出现歧视思想或行为，万事万物一律平等。

四、"不偏倚"

不过分赞誉，也不过分丑化。陈述事实，客观说明。

五、"不献媚"

不在广告里试图讨好谁，讨好只会自贬身价，讨好只会"暴露狐狸尾巴"。

六、"不张狂"

不吹嘘自我，不妄自尊大。不卑不亢，有礼有节。

七、"不霸道"

不要试图通过广告压倒所有竞争者，"百花齐放"和"百家争鸣"才是行业健康的好气象。

八、"不嫌贫"

贫富只是暂时的，人生三起三落皆属正常，不要让广告太"铜臭"。

九、"不凌弱"

"悲天悯人"才是"大家"之道，"锄强扶弱"也是"侠客"之道。真正的强者不会以强凌弱，欺负弱者是小人行径。

十、"不短视"

所谓"人无远虑，必有近忧"，短视者只顾眼前，占尽好处，甚至"杀鸡取卵"。看到未来，懂得经营，学会分享，才是长久之道。

从内涵层面来说，如果视觉广告能体现"厚德至善"的精神，那就能做到超越凡俗，获得万人追捧。从表象层面来说，如果视觉广告能达到"十不"标准，那就超越了凡俗，而备受万人喜爱。

个人训练 找出你最近提出的视觉创意，检查一下有没有达到这"十不"标准，如果都达到了，那它一定会是优秀的创意。反之，你可能就需要做一些修改了。

团体训练 每人提交一个最受大众喜爱和最不受大众喜爱的视觉广告，与"十不"标准对比，分析它们都是怎样表现的。

2 视频创意

视频创意一
你该精通的视频创意

　　关于视频创意，将分为几个小节进行讲解。本节先来分析受众是怎么留意视频广告及如何了解里面的内容的。

　　以前我们看得比较多的是电视广告，但随着播放媒体的多样化，声音和图像一体的广告投放媒体已经不再局限于电视。现在，我们可以从电视、网络、电影院、电梯液晶屏、公交车液晶屏和其他户外液晶屏上看到声像一体的广告。那些同时具有声音和图像的广告，就是我们所说的视频广告。

　　相对于视觉广告来说，在视频广告里，文字变成了声音，静态的画面变成了动态的影像。视频广告的表现方式和视觉广告的表现方式因此而不同。

假设你是一名受众，躺在沙发上，随意观看节目，这时广告时间到了，于是广告"进入"了你的眼睛和耳朵。你想要切换频道，但遥控器不见了或者不在手边，你懒得起身去找，于是你打算忍受这一段广告时间。你根本不在意播的是什么广告，只是想等着时间过去。

这时会出现两种情形。

第一种："难得一见"的反应情形

这种情形也是创意人最想要看到的反应。在你等待节目"回来"期间，或许就在你喝水的一瞬间，一则广告出现了。这则广告一开头就与众不同，甚至和你看到的最吸引人的电视节目都不同，有些"蹊跷"，你想要了解这到底是怎么回事、广告到底要说什么、这是哪家公司做的广告。

这一瞬间，你忘记了自己在等节目"回来"，你的眼睛盯着屏幕，想要弄清广告里的内容。你休眠的大脑神经一下子活跃起来，你相信你能搞清楚这是怎么回事。现在，你已经中了广告人的"圈套"……

于是，在剩下的几十秒里，你被广告"牵着鼻子走"，你的情绪被广告情节所左右，直到最后一秒，你都忘记了你是在看一则"广告"。直到广告播完之后，你还沉浸在广告营造的情境和氛围里面。甚至当节目"回来"时，你还在"回味咀嚼"，对那则广告"恋恋不舍"。

你已经中了那则广告的"邪"了。而"驱邪"的最终方法就是赶往销售地点买一件广告中的产品。

第二种：通常的反应情形

第一种情形是很少见到的，通常的情形是，你闭上眼睛，尽可能地"关闭"耳朵，脑子里想起生活中其他更有意思的事情。之后，通常会出现如下几种情形：

（1）你想着想着，就在沙发上睡着了。

（2）广告里出现了一个明星让你眼前一亮，随即你发现这其实毫无意义。

（3）某一则广告画面或声音还"差不多"，你也"差不多"地看完了它。

（4）在你闭上眼睛后，某则广告演员的话或某首广告歌曲让你感觉愉悦，你睁开眼睛，发现那则广告"也就是那么一回事"。

（5）某则广告"哗众取宠"或者"阴阳怪气"，你真想把广告里面的人物"揍一顿"。

（6）广告太多、太长、太烦，你终于忍受不了，起身找到遥控器换了频道。

一定要把你的广告放在插播广告中的第一个，否则宁可换个频道或节目投放广告。插播的广告要想被人看见，观众得先把前面的广告都看完。通常，观众不会老老实实地把插播的广告都看完，尤其是在插播广告的时间已经越来越长的今天。

这里只是以电视广告为例。网络视频广告和户外显示屏广告的情形都差不多，相信你能发现其中的规律。

个人训练 与视觉创意的训练类似，去了解一下身边的人，看看他们对视频广告的反应过程是怎样的，是不是与本节所讲的一致。

多去了解，你会对这一过程印象深刻，只有这样，在你进行视觉创意时，才会比较清醒。

团体训练 与视觉创意的训练类似，将团队分成若干小组，小组各设主持人，分别呈现若干视频广告，看看成员的反应过程是否与本节所讲的一致，然后讨论要想提出优秀的视频创意应该怎么做。

视频创意二

你该精通的视频创意

上一节分析了受众对视频广告的反应过程，下面介绍视频创意工作的主要步骤。

第一步：使你的广告不烦人

打开电视最不想看见的是什么？广告。

打开视频最不想看见的是什么？广告。

进入电影院最不想看见的是什么？广告。

来到电梯间或公交车里，最不想看见的是什么？广告。

人们遇到视觉广告可以移开眼睛，可是遇到视频广告却没办法堵住耳朵。我们可以切换频道，关掉视频，可是如果那个频道或那个视频正好是我们想看的怎么办？那我们只有"忍气吞声"了。

如果视频广告的致命之处就是"烦人"，那不烦人就是好的视频广告的第一标准。优秀的创意人要做的视频广告就应该是不烦人的广告。

第二步：使你的广告事发蹊跷

悄悄地来，悄悄地去，这是平庸的广告创意。

那些没有被看见的广告不烦人，我们要做既不烦人又被人留意的广告。在视频广告中，如何做到被人留意呢？

想一想，在我们的生活中，什么样的事情会被我们留意？一定是事发蹊跷的事情。同样，要使广告被人留意，就应该在广告开始的那几秒加入"蹊跷"的事情。

"蹊跷"是指有点奇怪、有点可疑、藏有秘密或有些莫名其妙等。

人都有追根究底的心理，事件若有"蹊跷"，必定诱发人们追查根源，寻找真相。于是人们开动脑筋，运用经验和思维能力，主动理解，积极分析，以求揭开"蹊跷"背后的真相。

如果我们说"这个人的行为有点蹊跷"，就会跟踪他去了解他的真实意图；如果我们说"此事必有蹊跷"，就会询问有关人士，厘清事件的前因后果；如果我们说"这个广告有点蹊跷"，那就会认真看完这则广告以求揭开"秘密"，一次不解再来一次，屡次不解可能就会问身边的人。

如果是这样，这则"蹊跷"的广告就将成为人们交谈的话题，在人们中间反复流传，随着不断发展，话题还可能"发酵"，产生新的意义，成为人们不易忘记的广告案例。此时，广告的效果已经不能用"播出次数"来衡量了。

能"发酵"成为一则"社会事件"的广告，就是我们常说的"大广告"。

第三步：使你的广告触动人心

不烦人的广告和事发蹊跷的广告不一定能达到我们想要的广告效果。因为"不烦人"并不意味着"被记忆"，"事发蹊跷"也并不意味着"被记忆"。只有触碰到受众的心弦，拨动受众敏感神经的广告才会被受众回味，最终留在受众心底，经过时间的洗刷，也不会被轻易忘记。

一则广告若是不能令人回味，那就等于没有生命力，就不能在受众心里"生根发芽"。这样的广告不会在受众心里留下任何印迹。就像食物一样，只有通过我们的咀嚼，它的营养才能被身体吸收，食物本身的营养价值才能得以体现。否则，食物本身对于我们将毫无价值。

想象一下，我们每天看过那么多视频广告，但有几则广告最终留在我们心里了呢？

这些广告没有"打动"受众的心，它们不知道人们心里在想什么，不懂人们因何而愤怒，因何而欢喜；不懂人们因何而自卑，因何而自豪；不懂人们因何而冷漠，因何而感动。它们不懂人们的七情六欲，它们根本没把人们"当人看"，它们针对的"受众"只是一群"只会购买、消费的动物"而已。

人们活着，不仅仅是为了延续生命，更是在追寻活着的精神价值，并使一生达到"圆满"。那么，是什么让受众觉得"贫乏"？是什么让受众觉得"富足"？是什么让受众想要"施舍"？是什么让受众想要"追求"？这是创意人应该去领悟的。

只有思想深刻的广告人才能策划出思想深刻的广告，只有深刻体味人生的广告人才能策划出令人回味的广告。

第四步：使你的广告不"装模作样"

"装模作样"意为装样子，而借以欺人，也可简言为"装样"或"装洋"，其反义词为"本来面目"或"恢复原貌"。

你会说，关于"不装模作样"还需要提出对策吗？这是不是有些"装模作样"了？

为什么我们要在此特别提出呢？因为现在的很多视频广告都"太装模作样"了。

所以，这里特别提醒大家，在进行创意时，不要让你的广告"装模作样"。受众比你想象中聪明和精明，你在他们面前是"装"不了的，你的"小把戏"他们一眼就能"看穿"。

不过，如果你的目的就是想"耍一个小把戏"给他们看，他们倒是乐于观赏。他们什么都懂，你想要让他们看到什么，就直截了当地"给"他们吧，你的"好意"他们会"心领"。

"装模作样"很伤脑筋也很累人，随心所欲和自由表现反而会让你活得更好，也让你的广告"活得更好"。

"装模作样"讨不到任何好处，对于广告也一样。

个人
训练
找几则你认为非常有创意的视频广告，分析它们因何而很有创意，可以对应本节所提到的四个步骤，看看它们是否都做到了。

团体
训练
每人提供两则视频广告，一则很有创意，另一则不是很有创意，然后集中起来，分小组进行讨论。
分析它们为什么有创意或没有创意，可以对应本节所提到的四个步骤进行分析。

视频创意三

你该精通的视频创意

怎样才能让视频广告显得创意非凡呢？也就是如何让你的视频广告做到不烦人、事发蹊跷、触动心弦、不装模作样？下面分两个部分介绍一些创意的方法。

首先介绍如何让视频广告做到不烦人和事发蹊跷。

一、如何做到不烦人？

在现有理解范围内，我认为不烦人的广告应该具有某些特征，要使广告不烦人，则需要使广告符合某些要求。

如果视频广告符合以下一种以上的要求，那就是不烦人的广告，也就是讨人喜欢的广告。

1. 没有强硬诉求

强硬诉求有如下两种表现：

一种是对受众进行"大声吆喝"式的推销，直接诉求产品的正面信息，甚至夸大产品功能，将产品优点强硬"塞进"受众的大脑，让受众接受。

另一种是给受众强加某种观念，通过高密度的重复广告，使用明星代言或权威专家证言的方式，企图使受众失去判断力，从而盲目选择。

你还记得"大声训斥"加上"威胁恐吓"这种教育孩子的方式吗？想一想，孩子是多么反感。一旦他们具有独立生活的能力后，就不再"吃这一套"了。

2. 让人"心生美好"

现实是残酷的，所以人们向往美好的生活，希望生活变得多彩。人们在联想美好生活的瞬间，完全忘记了现实的残酷，也忘记了商家的逐利本质。商家会"给药裹上糖衣"，让人们在甜甜的感受中将苦药吞下去。在政治、生活、商业中，人们都在使用"糖衣药物"。

任何事物都会给我们带来某种联想，想想什么事物或情节总是出现在人们的幻想中，我们可以把它们放进广告中，让广告成为"药物"的"糖衣"。

3. 设计逗乐情节

人终归是一种自然生物，需要"回归自然"，需要随性而为和嬉戏玩耍。不要把广告搞得那么严肃和沉重，人们喜欢幽默的人，也喜欢幽默的广告。

你逗受众开心，受众也偶尔会"逗"你开心。如果你能和受众"乐成一片"，让受众忘记你我，对于广告主来说是美好的事情。

二、如何做到事发蹊跷？

什么样的情形会让我们觉得事发蹊跷呢？关于这个问题，我可能无法讲清楚，但可以列举几种事发蹊跷的情形，相信你也能想到更多的办法让你的广告做到事发蹊跷。

1. 事情不合常理

事情发生得不合常理，那必定有"蹊跷"，一定有特别的缘由。

2. 出现异常情况

大家都往一个方向走很正常，如果其中有一个人往反方向走，就属于"异常情况"，一定有什么"秘密"。

3. 出现"异物"

在熟悉的地方，都是我们熟悉的人或物。如果我们熟悉的东西不在了，取而代之的是其他东西，那就有"蹊跷"了，一定是发生什么事了。

4. 行为异常

白天活动晚上睡觉很正常，可是白天睡觉晚上活动就有些不正常了，如果天天都如此，那就是"异常"了。

5. 规则发生变化

用脚赛跑变成了用手"赛跑"、老板训斥员工变成了员工训斥老板，这些都有"蹊跷"，会让人追查原因。

个人训练 根据不同的命题，进行视频创意，让它做到不烦人和事发蹊跷。请将本节所讲到的方法都用上。

当你全部试用后，会找到你很拿手的一种或几种方法。

团体训练 分成若干个小组，每个小组按照本节提到的方法进行视频创意，在创意过程中应用头脑风暴法，每一轮只使用一种方法，最后保证每一种方法都被使用到。

最后，小组向全体成员提案，看看是否有精彩的创意表现。

视频创意四

你该精通的视频创意

本节介绍如何让视频广告做到触动人心和不装模作样。

一、视频广告如何做到触动人心？

"人心"是指人的"心灵"，人的灵魂的核心。"人心"能判断是是非非，能分清真假、善恶与美丑，能感受世间的人情冷暖，是人们穷其一生追求生命价值的"心灵"。

能触动人心的广告有如下两种表现。

1. 受众从中发现了真善美

"人之初，性本善"，这是儒家教育所倡导的，也是儒家教育的目标，即将人教育成"善人"。真善美都是"善"的表现，是被儒家所推崇的，也是中国社会道德规范的核心。在社会道德规范的推动下，真善美成为人们成就自我的最高目标。我们乐于发现、乐于接受、乐于推崇真善美。

一则广告如果能让人们感受到真善美，将会引起人们的共鸣，使人们把广告主体和真善美联系在一起。将"真""善""美"的事物或情节放进广告里，你的广告一定会受到欢迎。

2. 让受众心有领悟

一个人从具有完整的思维开始，就会思考人生、社会、世界和宇宙等的规律和道理，从而形成各种独立的观念。在生命的旅途中，人们会产生各种各样的疑惑，人们也在从身边的小事和细节变化上寻找真理，最终实现"圆满"。领悟过程是漫长的，"顿悟"尤其难得。

如果广告的内容能让人们"有所顿悟"，人们就会对其产生"谢意"，如同对点拨了自己的师长或朋友的谢意一样。尽管最后广告主体总会"露出水面"，但是这个世界哪有纯粹的东西呢？只要顺其自然，人们就会接受广告的"好意"。

二、视频广告如何做到不"装模作样"

做人"不装模作样"，只需要表现"真的我"。

而做广告"不装模作样"，只需要做"真的广告"即可。

什么是"真的"广告？

"广告就是广告。"

做"真真实实"的广告，做出广告的"本来样子"。

别"装模作样"，别"装疯卖傻"，别"穿皇帝的新衣"。

至此，关于视频创意的精髓已经介绍完了，如果你认真领会，就能真正精通视频创意，并提出非凡的视频创意。

从书本上看到的关于创意的知识都是没有实质意义的，你应遵循书上的要点尝试着去做。

要想成为一名卓越的创意人，你不仅要将这些要点运用到位，还要形成一套属于你自己的方法。

个人训练 根据不同的命题，进行视频创意，让它们能触动人心和不"装模作样"。

团体训练 分成若干小组，每个小组按照本节提到的方法进行视频创意，确保你的创意能触动人心和不"装模作样"。

最后，小组向全体成员提案，看看是否有精彩的创意表现。

3 文案创意

文案创意一

你该精通的文案创意

或许你完全没有意识到文案需要进行创意，你认为文案就是一堆文字工作，只要你按要求、按程序、按模式来做，它们自然而然就会成形。

在文案领域，充满了太多的"文字写作者"，而不是创意工作者，他们的文字生硬、乏味、普通、无力甚至令人厌恶。

他们不知道每一个文字其实都是一个"精灵"，如果你能应用好它们，它们就能为你带来无限创意，让你的广告备受青睐。

在文案的世界，"一字千金"。一方面，广告主为每个字出了高昂的广告发布费；另一方面，可能因为一个字就能让广告成功，也可能因为一个字就会让广告失败。

我每一次创作文案时，都是胆战心惊的，对每一个字都要来回斟酌，不断测试，直到再也无可挑剔，才安安心心地让它们出现在客户的广告里。

文案是那么"真实"，它们出现在每一则广告之中，它们一个字、一个字地"码"在那里，一起"卖力地"传递完整的广告信息。你必须把想说的尽可能"说清楚"，用最少的文字，花最短的时间，进行最吸引人的表达。

文案创意工作就是决定选择哪些"字"，决定如何"码"，然后使这些"文字精灵"发挥强大的信息传播力量。

在广告中，会涉及不同类型的文案，针对每一种类型，我将创意的精髓浓缩为三个关键词。下面围绕关键词介绍一些原则性的要求。

一、品牌广告语

创意关键词一：简短有力

用最简单的短语描绘出品牌形象，尽可能短。短语要有力度，要能"穿透人心"。

创意关键词二：意味深远

广告语要有深层次的含义，要留有想象空间，让人品味其中的意义。

创意关键词三：历久弥新

广告语不是追赶时尚的产物，必须能经受时间的打磨，要能让人每次看到时，都会有新的联想，每次都有新的体会。

经典品牌广告语：

Nike：Just do it.（尽管去做。）

Apple：Think different.（不同凡响。）

Sony：Like no other.（独一无二。）

Puma：Always be yourself.（做你自己。）

De Beers：钻石恒久远，一颗永流传。

Adidas：Impossible is nothing.（没有不可能。）

铁达时手表：不在乎天长地久，只在乎曾经拥有。

二、广告口号创意

创意关键词一：简洁明快

简洁明快=简单+清新+明晰+易记。

创意关键词二：时尚感性

广告口号只使用一段时期，所以，其要快速融入时尚中，成为人们关注和谈论的话题；同时应具有感性色彩，能打动人心。

创意关键词三："摇旗呐喊"

广告口号意在使中期销售活动更有效地推进，所以，一方面要"大张旗鼓"，另一方面要"大声吆喝"。要大声传递信息，快速聚集人群。

经典广告口号：

百事可乐：新一代的选择。

大众甲壳虫：想想小的好。

雕牌洗衣粉：不选贵的，只选对的。

福特：你不妨数数身边驶过了多少辆"福特"。

凯迪拉克：年年都有一个领袖，年年都是凯迪拉克。

舒肤佳：看得见的污渍洗掉了，看不见的细菌你洗掉了吗？

艾滋病防治组织广告：艾滋病并不会致死，贪婪和冷漠才会。

三、广告标题创意

创意关键词一：重点突出

将广告的重点放在广告标题中。一条信息需要一则广告，一则广告需要一个标题，把重要的信息放在广告标题中，让受众一眼就能看到。

创意关键词二：暗藏玄机

最好的标题不需要正文来解释。但是，如果你觉得还有更多的信息必须通过广告正文向受众传达，那就要在标题中设置"机关"，使受众通过阅读正文来打开"机关"。

创意关键词三：欲罢不能

标题应该让受众"想走走不开"，否则他不会试图去打开"机关"。你听说过"好奇害死猫"吗？想想怎么激发受众的好奇心吧。

经典广告标题：

塔希提岛旅游：对不起，没有麦当劳。

远东电缆：如果五指一样长，怎能满足用户的不同需求？

凯迪拉克：雄性的退化是这个时代的悲哀，好在有凯迪拉克。

拉西尔国家公司：在你落水的时候，会狗爬式的伙伴一无用处。

克莱斯勒：你买汽车不来考虑一下我们克莱斯勒的汽车，那你就吃亏了。

劳斯莱斯：60英里的时速下，这辆最新劳斯莱斯车内最大的噪音来自电子钟。

大众甲壳虫：该车外形一直维持不变，所以外观很丑陋，但其性能一直在改进。

这三种文案的字都非常少，并且大家都相信文字越少越好，广告语、广告口号、广告标题都是广告内容的核心和精华，它们是真正的"钻石"，广告主上亿元的广告投入都花在它们身上了。而这些钱可能是你一辈子也无法赚到的，但是可能你的"一句话"就将客户的上亿元"糟蹋"了。

个人
训练　分别找一则你认为最具创意的品牌广告语、广告口号和广告标题，对应本节所提及的创意关键词，看看它们是否满足。然后，模仿或者抛开原句分别重新创作。

团体训练

每三人一个小组，每组分别寻找一则最具创意的品牌广告语、广告口号和广告标题，对应本节所提及的创意关键词进行分析，并与全体成员分享感悟。

然后，每人分别选择一则品牌广告语、广告口号和广告标题，模仿或者抛开原句重新创作。

文案创意二

你该精通的文案创意

本节介绍另外三种文案的创意，这三种类型的文案的文字相对较多，被人们注意和记住的概率远远低于上一节提到的那三种，我们需要发挥不一样的创意思维。

一、广告正文

创意关键词一：简明扼要

简明扼要=简单明了+要点突出。文字可大可小，所以不管版面多大，我们都能写上千字。我们不自觉地就会在正文里重复，很多时候可能是客户要求我们重复。不过，受众可没有那么多时间，一旦不能很快地找到设下"机关"的"钥匙"，他们就会"弃你而去"。

创意关键词二：轻松有趣

受众不是在搞学术研究，所以正文读起来要轻松有趣，让受众放松下来，让受众乐在其中。想一想，你喜欢读你的广告正文吗？

创意关键词三：有奖回馈

在广告正文中设计一个"奖品"，让受众觉得他受到标题的诱惑而花时间阅读了正文是有回报的。这个"奖品"可能是一种节电方法、一条理财建议或者一个养生秘诀，也可以是一次抽奖机会或者一个领奖资格，只要能让受众开心就行。

格伦代尔联邦银行广告文案：

千万不要让我们谦恭的态度、优质的服务和对您的诚心蒙骗了您。

我们，依然是一家银行。

Swatch 手表广告文案：

时间是关不住时间的，

你是关不住我的，

现在是关不住未来的，

未来是关不住过去的，

时间在我手上，我改写时间。

Nike Women 系列广告文案：

之一：

"脑袋才是身体的施力点"，老师说这是冥想课程的学习重点。

我闭上眼睛，放弃视觉，只靠内在勾勒出完美的画面，并引导一切……无论姿势的完美协调，还是动作力道的完美分配。

而睁开眼睛后，我看到内在美感的杰作——一个前所未有的视野。

我发现：只有会用脑袋的人，才懂得让内在的美感引导外在美。

之二：

你决定自己穿什么，

找出你的双脚，穿上它们，

跑跑看，跳一跳……用你喜欢的方式走路，

你会发现所有的空间都是你的领域，

没有任何事物能阻止你独占蓝天。

意外吗？你的双脚竟能改变你的世界，

没错，因为走路是你的事，

怎么走由你决定，

当然，也由你决定自己穿什么。

二、广告剧本

创意关键词一：设置悬念

在视频广告中，只有几秒的时间来挽留观众，一则广告如果超过 3 秒还不能留住观众，那观众大多就"跑掉了"。如果你有幸被观众看到了，那赶紧在 3 秒内留住他。留住观众的唯一办法就是设置一个悬念，让消费者等你的广告全部播完才能放心离开。当然，如果最后广告没有有意思的东西"献给"观众，那你的广告客户会被观众的唾沫淹没的。

创意关键词二：制造冲突

你想让消费者安安静静地坐着花上 30 秒看完你的广告吗？除非他实在是"懒得动"了。请在 30 秒里制造一些戏剧冲突，让他们惊心动魄地度过这 30 秒。当然，如果你的广告是一部 2 分钟以上的微电影，那你更应该好好考虑一下了。

创意关键词三：直指人心

在广告中可以设计一些与人性或人心有关的场景、话语或情节，消费者不是一个被动的"接收器"，只有你抓到了某个情绪点，触动了他的内心，他才会注意甚至在意你想要传达的信息。

三菱汽车广告文案:

爸爸的背是我回家最深刻的记忆,每次回家的路上(我)一定会经过那个冷饮部,我记得那里冰棒的味道,像父亲背的味道。

他总是坚持要接我回家,后来我在台北念书,放假回家,他也一定要来接我。

我第一次开车回家,快到家前,我看到爸爸还是坚持来接我。我想,他是怕我忘了回家的路吧。

三菱汽车,全省164个家,欢迎您随时回家。

耐克 *Dream Crazier* 广告文案:

如果我们流露情感,

就会被说戏太多。

如果我们想和男性对抗,

我们就疯了。

如果我们梦想有平等的机会,

就是痴心妄想。

如果我们站出来争取什么，

就是精神失常。

如果我们太优秀，

就一定是出了什么问题。

如果我们愤怒，

我们就是歇斯底里，不理智，

或者就是疯了。

但一个女人跑马拉松就是疯了，

女性打拳击就是疯了，

女性扣篮，疯了吧！

女性戴头巾比赛，

转行（向）另一项运动，

完成空中斜向转体 $1080°$，

获得23项大满贯,

生孩子,然后回来继续。

疯了,

疯了,

疯了,

都疯了!

他们想说你疯了?

好啊!

向他们展示疯狂的力量。

三、广告软文

创意关键词一:"招摇过市"

这里所说的"招摇过市"主要是指软文的标题设计。在某种程度上,广告软文是在"冒充"新闻。尽管广告软文也算是广告品牌的"新闻",但这条"新闻"相比媒体上的其他新闻来说,其重要性和显著性就差远了。所以,广告软文的标题应能吸引受众的眼球,"招摇过市"的目的在于赚取回头率。对于广告软文的标题来说,就是赚取正文的阅读率或者点击率。

创意关键词二：简明扼要

在内容的简明扼要上，广告软文和普通广告的正文要求是一样的，广告软文也必须简单明了、突出要点。

创意关键词三："煽风点火"

通常，广告软文或新闻通稿都是为了通过媒体为品牌的阶段性销售活动营造氛围，目的在于提高受众对品牌相关活动的关注度，从而提高活动的影响力。所以，软文的标题和正文都应着重体现品牌的社会影响力或销售的火爆程度。

通过精华的提炼，文案创意需要做什么及怎么做，并不复杂，只是需要一些时间来练习和领会。你需要掌握每一种文案的创意要求，因为它们要完成的"使命"不同，它们不能经由一条"生产线"制造出来。但是，太多的广告文案人员都在以一种方式对待它们，大家不能犯同样的错误。

每一次文案创作都是一次孤独的守候，没有人能帮你，你必须等到那些文字落到纸面上后，才能看清它们的样子。

个人训练 分别找一则你认为最具创意的广告正文、广告剧本和广告软文，对应本节所提及的创意关键词，看看它们是否吻合。然后，模仿或者抛开原文分别重新创作。

每三人一个小组，每组分别寻找一则最具创意的广告正文、广告剧本和广告软文，对应本节所提及的创意关键词进行分析，并与全体成员分享感悟。

然后，每人分别选择一则广告正文、广告剧本和广告软文，模仿或者抛开原文重新创作。

文案魔鬼训练

文案是一则广告的点睛之笔，文案对广告人的能力要求很高。

我特别编拟了 40 道训练题，我称之为"文案魔鬼训练"，希望这 40 道题能帮助你成为更加优秀的广告人。

题目之后对应附上了一位广告大师的话，以帮助大家更好地理解题目的含义。需要说明的是，这些话主要来自英国设计与艺术指导协会编写的《创意之道》。

由于 40 道题看起来有些多，所以分成了 7 篇，分别为学习篇、准备篇、态度篇、技巧篇、协作篇、修改篇和提高篇。

另外，在每一题前面的括号里都有一个关键词，表示着该题的训练意义，也指文案方面的一个提升方向。

（一）学习篇

1. （模仿）选一则你喜欢的文案，模仿其风格，再写一则。

"一开始不要不好意思模仿你崇拜的文案。我早期最好的作品读起来总是有一点儿像 Bob Levenson 心情不好的时候写出来的。"

—— Alfredo Marcantonio

2. （承诺）写一个标题，在标题里蕴含一个"大承诺"。

"现在碰到的问题是怎样才能让人读你的文案。答案是：'大承诺'。'大承诺'是广告的灵魂。"

—— Steve Hayden

3. （吸引）写一个标题，让所有人都会停下来看它。

"只有百分之四的读者不管文案写得多烂都会读超过百分之七十以上（的内容）。你的任务就是超过这个百分比。"

—— Steve Hayden

4. （换位）第一题：试着用孩子或老人的语气写一则文案。

5. （换位）第二题：试着用异性的语气写一则文案。

"在我的文案里，我……故意使用他们……的语言，……我总是试着表现出客户的最佳状态，而且真的对他们的产品感到兴奋。"

—— Tony Brignull

6. （感动）讲一个曾经感动过你的故事或者其他的事情，看看是否也能感动别人。

"把自己放在作品里，用你的生活去活化你的文案。如果有什么感动了你，很可能也会感动别人。"

—— David Abbott

7. （推销）写一段销售词，或做一次推销员。

"每则广告都像敲门推销的推销员，是对人们生活的打扰。标题或许能给你进门的机会，但是良好的销售技巧才能让你一直待在那儿。"

—— Alfredo Marcantonio

8. （叫卖）写一段"叫卖词"，或者做一次"叫卖"。

"他用一把菜刀在洋铁盘子上大声敲着。梆！梆！梆……响彻街市，人头聚集起来。"

—— Ansrew Rutherford

9. （语言）写一首诗。

"我觉得最好的文案就是一首诗。我们为文案'伤'的脑筋其实和诗人一样多。所以我们要研究诗人的技巧，看他们如何运用语言、韵律和意象去达成效果。"

—— Adrian Holmes

10. （引诱）写一个笑话，让人看到第一句就忍不住往下读，而且最后能让人笑。

"这不只是个好笑话，还是篇好文章。全篇无一赘字。"

—— Tony Brignull

（二）准备篇

1. （第一感觉）说出你最能想起的一个品牌，想到这个品牌的第一秒你会联想到什么？将你想到的延展成一句广告语。

"（要）特别注意自己的第一个概念。"

—— John Stingley

2. （语调）选择一个品牌，想象你会用什么样的语调来描述它，为它写一段描述。

"就像任何一种形式的创意写作，你必须发展出一种语调或声音，一种说话的方式。代表的不是你的公司，不是产品类目，而是广告中的这个产品或服务。"

—— Alfredo Marcantonio

3.（发现）发现你旁边某个人的优点，用一个标题表现它，再配上一段文案。

"对我而言，文案的工作就是发现的历程。遵循直觉，而非简报。"

——John Bevins

4.（寻觅）给你 2 小时，去为附近的某个小店写一则广告，请用好这 2 小时。

"文案的工作只是坐在那里拼命想点子吗？我不这么认为……"

—— John Bevins

（三）态度篇

1.（不守规则）写一个不像广告的广告。

"广告界的人总是说我做的广告读起来不像广告，我把这种话当作赞美。"

—— Indra Sinha

2.（换个方向）写一个不像该产品广告的广告。

"为什么所有的汽车广告看起来都一样？为什么所有洗衣粉的广告看起来都一样？为什么不做个看起来像洗衣粉广告的汽车广告？反之亦然。"

—— James Lowther

3.（令人相信）写一段会让受众相信的广告文案。

"让受众相信。DDB 替艾维斯制作的广告里并不只是说艾维斯会更努力，它说的是如果你只是第二名就得更努力。"

—— Tom Thomas

4.（简单）为一个品牌制定一个策略，用一个形容词来表达，再配一段文案。

"让策略简单，让它变成一个形容词。Volvo（沃尔沃），安全。Porsche（保时捷），快速。"

—— Luck Sullivan

5.（蕴意）写一段话，让人能读出大量的"话外之音"。

"最深的含义不是来自已经说了的，而是来自没说的。"

—— Indra Sinha

6.（令人好奇）写一个能令人好奇的标题。

"在一般状况下，标题与图片应该传达广告的主要信息。可是有时令人好奇的标题（像"柠檬"）会让更多的人停驻，产生对文案异常的兴趣。"

—— John Salmon

7.（信息）写一个标题，尽可能包含更多的信息，将其包含的信息罗列出来。

"我总是让标题尽可能把故事传达得越多越好。我同意 David Ogilvy 的话：'说得越多，卖得也越多'。"

—— Tim Riley

8.（实事求是）写一段100字以上的文案，不要用形容词。

"我喜欢用冷淡无情、实事求是的风格把故事写得有力。在 73 个字的文案里他们只用了一个形容词。"

—— Tim Riley

9.（直白）写一段直白的文案，让上一年级的小孩子都看得懂。

"要写越短越好的句子，让即使智商只有红毛猩猩那么高的人也能读懂。"

—— Steve Henry

10.（速度）写一段文案，写出速度感，让受众停不下来。

"要写出文字的速度感。想象一位消极的受众，不是某个坐在座位上倾身向前，好像'饭碗'系于你每一字句的人，而是某个坐在马桶上，随意翻看，大脑处于停滞状态的人。"

—— Paul Silverman

11. （激情）写一段激情洋溢的文案，让人心潮澎湃。

"要传递真正的热情，我认为这很重要。如果你的受众觉得你对产品一点也不兴奋，那他也兴奋不起来。"

—— Susie Henry

12. （与众不同）写一个标题或一段文案，在你看来，没有人这么写过。

"不要去模仿任何人的风格。在任何广告里最重要的事情就是与众不同。"

—— Steve Henry

（四）技巧篇

1. （唱反调）写一段文案，挑战公认的事实，让受众不得不思考。

"和人们普遍接受的内容相比，唱反调的东西反而比较令人信服。"

—— Tom Thomas

2. （简化）只用下列四个元素中的一个，创作一则广告。

"标题、图像、内文、商标。如果你能只用其中的一个元素就做出一则真正有效的广告，那这则广告绝对会得奖。"

—— Neil French

3. （三列法）运用"三列法"，写一个标题，让人们不得不注意。

"三个字，三个短语，三句话并列起来，就会在人们心里产生一种魔力。"

—— Alfredo Marcantonio

4.（二元对比法）运用"二元对比法"，写一个标题，让受众自发思考。

"莎士比亚写过或许是地球上最著名的二元对比典范'去，或不去'。阿姆斯特朗说过著名的一句话'这是我的一小步，却是人类的一大步'。"

—— Alfredo Marcantonio

5.（头韵）运用"头韵"，写一个标题，写出文案的力量感。

"头韵是文案另一个有利的工具……三列法加头韵的例子为，恺撒大帝的'我来了，我看见，我征服'。"

—— Alfredo Marcantonio

（五）协作篇

1.（纯文案）做一个没有图片的广告，而且你相信如果你是评委，那你会投它一票。

"一大堆字本身就是一个设计元素。它会传达'哎呀，这些家伙倒真有不少废话要说'的含义。"

—— Neil French

2.（视觉化）写一篇完整的广告文案，然后用最少的图片或最短的时间演绎出来，尽可能不要出现文字。

"用视觉的想象思考。要是某人描述一座螺旋梯，他多半会手口并用。所以，有时最好的文案就是没有文案。"

—— David Abbott

3.（纯图片）设计一则广告，不要出现任何文字。

"不要'写'。最好的文案常常具有高度的视觉想象力。"

—— James Lowther

4.（视觉思考）为广告图片重新配一个标题，或者为标题重新配一张图片。

"文案必须能以视觉的想象思考。广告人必须能够'看到'占据空白之处的图像，否则写出来的文字就会被误解。艺术指导也一样。图像不通过文字诠释，就可能会被误解。"

—— Tony Cox

（六）修改篇

1.（剪裁）找一段文案，尽可能地剪裁，只剩下必不可少的文字。

"一位杰出的设计师说过，'优雅来自拒绝'。如果我只能够给一个忠告，那就是——剪裁、剪裁、剪裁。"

—— Barbara Nokes

2.（朗读）将你自认为很棒的一段文案大声读出来，看看是不是真的值得炫耀。

"我快写完时，一遍又一遍地朗读，来检查整体文字的韵律。大声念。"

—— Chriso' Shea

（七）提高篇

1.（热情）向客户'卖'你的稿子，要热情四射，要一次过关。

"通常，客户要'买'的是你的热情，而不是你的文章。亲自去和客户当面沟通，不要靠传真机来'卖'稿子。"

—— Paul Silverman

2.（坚持）'卖'你的点子，不管客户怎么看待，一直坚持，直到被接受。

"伟大的点子没人喜欢。我是说它们不寻常，因此令人害怕。最好的策划人永不放弃……告诉他们为什么你拒绝其他的方式。发挥你的魅力，和他们喝一杯。"

—— James Lowther

媒体创意

你该精通的媒体创意

在介绍媒体创意之前，我先提出一个新的概念——"媒体即广告"或"广告即媒体"。

麦克卢汉曾提出过"The Medium is the Massage"（媒体即信

息）的观点，也就是所谓的媒体技术论，即媒体技术决定了传播方式，也决定了媒体的内容。

在媒介技术对传媒甚至商业的发展起着关键作用的今天，创意人必须借助媒介的力量。在过去的广告工作中，我们过于关注广告内容的创意，如文案创意、视觉创意和视频创意，而忽视了媒体表现上的创意。

媒体表现决定了广告的表现，因为受众首先看到的是媒体，而不是广告，一个有创意的媒体或媒体创意的吸引力远远超过一个广告创意的吸引力。如果用"由表及里"这一词来解释，那么媒体就是"表"，广告就是"里"。媒体或媒体表现不吸引人，又怎么谈广告的影响力呢？

如果你过去做的广告看上去确实非同凡响，可是一旦投放媒体之后却悄无声息，你开始怀疑自己当初的判断力有问题，或者觉得周围的人都是在对你当初的创意"拍马屁"。在这里我想提醒你，你的广告创意可能没有问题，而是在媒体表现上出了问题，或许你根本没想过要表现什么。

我比较厌恶生活中"一窝蜂"的人，他们挤破头在一个点上找"宝藏"，却不知道其他地方或许才是"宝藏之源"。创意人的价值应该表现在独特的眼光和敢于探索的精神上，我常对新人说，当大家都看到"1+1=2"的时候，"1+x"才是你思考的价值所在。

媒体创意不同于广告内容的创意，它本质上属于媒体的一种

"创意应用"。广告媒体表现创意的目的在于利用媒体本身的特性，巧妙地传达广告信息，使广告信息变得立体、形象。因为媒体本身就是立体的、形象的，但广告信息本质上是平面的、静态的、单调的。

因此，媒体创意就是综合广告信息与媒体特性，使媒体特性能有效地为广告信息的传递服务。总之，广告不应该被动地利用媒体，而是应该"始于广告，终于广告"。在创意的世界，没有独立的广告，也没有独立的媒体，只有广告和媒体的融合，即"媒体即广告"或"广告即媒体"。

如果能时刻保有"媒体即广告"或"广告即媒体"的思维模式，就一定会做好广告媒体的创意。

在探索的路上，我们需要有敢于发现和敢于创新的精神，"媒体创意"是一个不常被提到的概念，但是它非常重要。

在媒体创意方面，我提出如下几个观点，用来指导创意工作：

（1）在广告工作中，不要把媒体仅看成"广告媒体"。广告媒体是指能够传递广告信息的任何形式的载体，而不是媒体中可以用来投放广告的"某种类型"。

（2）"新闻媒体"和"广告媒体"本质上没有任何关系，只有当广告企图"伪装"成一条新闻出现时，两者才有关系。所以，别用"新闻媒体的眼光"来看待广告媒体。

（3）创意工作应从广告的本质出发，"始于广告，终于广告"，时刻记住你是在花客户的钱帮助客户促进销售。

（4）在广告媒体创意这项工作上，不要"图省心"，所有的"省心"都可能产生一个"漏洞"，这个漏洞就是客户的广告费"被流失"的漏洞。

（5）媒体是立体的、动态的、形象的，广告信息是平面的、静态的、单调的，别想着把广告"投出去"就完工了，你需要进行全方位思考。只要多想一想，媒体本身也会成为创意人的"杀手锏"。

（6）除了媒体，在任何与广告有关的其他方面，大家都要时刻保持创意思维。随时随地进行创意，才能全方位地吸引消费者，最终震撼消费者。

个人训练 搜集并分析几则广告内容和广告媒体完全融合的广告，你会发现它们绝对是非常吸引人的广告，它们无论媒体表现还是内容表现，都极具创意。

团体训练 分成若干小组，再将媒体分成若干类型，每个小组对应一种媒体，分别讨论针对该媒体可以进行怎样的创意。然后，选择一些品牌来进行具体的媒体创意表现设计。

最后，集中分享创意与感悟。

第 **7** 篇

爆品创意，要怎么学？

1 知识

阅读
提高你的阅读量

"书是人类进步的阶梯。"

在创意领域也一样，思想的形成有赖于书籍的阅读，技能的培养有赖于理论知识的基础。

很多杰出的人都视知识如生命。在现代社会，知识的来源主要有三个方面，一是书本，二是实践经验，三是个人的顿悟。不管是实践经验还是个人的顿悟，都基于书本的知识。我们要"站在巨人的肩膀上"，以书本知识为基础。

一本好书就是一名作者一生的精华，集合了其阅读的书籍、人生的经验及个人的思考顿悟。一个人要想"看得远",首先要"站得高"。从这个角度来说,你看过多少有价值的书,会决定你未来的高度和远度。

创意从某种程度上说,就是个人的顿悟,或者说是"灵光一现",是思想碰撞的"火花"。这个世界上没有无源之水,所有的创意一定有其萌发的渊源,这就是一个人的知识的根基。

为什么有些人总是创意不断,总是能想到我们所未能想到的事,总是能提出不凡的见解?因为在他的大脑中存储了超越普通人的知识,这就是创意之源。换个角度来说,他的知识宝库,就是由无数"巨人"构成的。在他需要的时候,这些"巨人"会帮助他,给予他非凡的智慧。

那么,在你的大脑中,是否有"巨人"?有多少"巨人"?

人们说,人与人的差距就在"两耳之间"。如果你的"两耳之间"藏有"巨人",那么你也会是一个"巨人"。你藏有的"巨人"越多,你的创意就越多;你藏有的"巨人"越伟大,你的创意就越伟大。

学习大多是痛苦的。很多人喜欢学习,其实是他享受学习的痛苦,也享受学习带来的快乐。广告业是公认的竞争残酷的行业,但是总有很多新人怀着热情和激情"抛头颅洒热血"。因为一切事物都有其两面性,越是残酷的环境,越能绽放美丽的花朵;越是舒适的温室,越能培养苍白之花。

这个世界上有很多人幻想着自己是最耀眼的"花朵"，却不敢走出"温室"一步。有很多人希望自己"创意非凡"，却不肯"秉烛夜读"。他们渴望创意，却主动远离知识，殊不知创意与知识是一对"孪生子"。

每一本书里都藏有"巨人"。牛顿说："我之所以看得比别人远，那是因为我站在巨人的肩膀上。"书中的"巨人"，有时不止一个。每读一本好书，就至少获得了一位"巨人"。

在创意行业，我们需要站在一定的高度，战略性地、创意性地解决客户的问题。如果没有"巨人"与你同行，你能做到吗？

你还在抱怨自己没有天分吗？

或许有的人有那么一点天分，可是天分在创意领域的权重不大。伟人太多了，我们只需要吸收一位伟人的知识就足以超越一位所谓的有天分的人才。

你还在说自己已经挖空心思、耗尽全力，但还是没有创意吗？

那是因为你没有"巨人"的帮助。

去读更伟大的人写的书吧。

记住，是更伟大的。

个人训练 至少阅读一本能启发你思考的书，一字一句认认真真地读，读完后写下 1000 字以上的读后感。

如果它不足以让你写出 1000 字以上的读后感，那它就不是一本足够好的书，请继续去找，继续读，继续写。

如果你在写读后感时文如泉涌，那恭喜你，你一定是获得了一位"巨人"。

团体训练 每人阅读一本好书，然后和其他成员分享这本书的伟大之处，告诉大家，自己收获了一位什么样的"巨人"。

如果你感受到别人分享的书的伟大之处，请尽快找来阅读。

案例库

建立自己的案例库

一个好的创意案例代表了一种创意思路，每一个真正的创意都是一次新的创造，其通过广告人的智慧产生了新的意义。

学习广告案例如同欣赏诗词，诗人使用一些简练的词汇就创造了或美好或感人的意境；每学习一个广告案例，我们就能了解到广告人从市场信息中找到的创意性的解决市场问题的办法，其通过简洁的图像或文字进行有效的表达。

所谓"熟读唐诗三百首，不会作诗也会吟"，如果你学习了300个卓越的创意案例，并吸收了创作者的创意思想，那你也能在客户遇到市场问题时，提出有效的解决办法。

所以，"熟读案例三百个，创意菜鸟变大咖"。

"创意枯竭"是广告人常常挂在嘴边的词，如果你常常觉得创意枯竭，那意味着你应该多学习优秀的案例了，多向优秀的广告创意人学习。一个广告人可能一生也无法创作出一个优秀的广告，但全球无数的创意人每时每刻都可能会推出一个让我们眼前一亮的广告。

所谓"学无止境"，大家应虚心学习优秀的广告案例，不戴"有色眼镜"地面对每一种创意表现。作为创意人，最忌讳的就是长期不对案例库进行更新，只是从仅有的一些广告人或广告案例中寻求养分，以至于自己的创意表现长期没有起色，原地踏步。

创意人还有一种表现，一旦自己有了一些突出表现，就开始对别人的广告不屑一顾，认为自己已经掌握了创意的真谛，不再吸取新的知识。如此一来，他的创意生涯也就到尽头了。

"Stay hungry，stay foolish"（求知若饥，虚心若愚），这是Steve Jobs 在斯坦福大学毕业典礼致辞中的最后一句话，也是整个演讲的核心思想。他把对年轻人的期望精炼为简短的一句话，鼓励年轻人要不断学习，努力进取。

创意人应该永远保持虚心学习的态度，为每一个有创意的表现而驻足，把研究创意案例作为一种习惯和爱好。终有一天，你的创意也能成为别人学习的对象。

不断学习，才能不断有所突破；不断更换学习对象，才能不断有新的发现。不要整天埋头在自己的工作上，应把大量的时间用来学习，这会提高你的创意水平，也会提高你的工作效率。

创意工作不是工厂流水线上的计件工作，普通的技工只要坚持在岗位上，在一定的时间内就一定能完成一定数量的工作，可是创意工作不是。你可能一分钟就能想出一个好的创意，也可能一个月还在"原地打转"。

随时关注全球的各种优秀创意，在你感觉才思已经完全枯竭时，一个不一样的亮点会马上激活你的大脑，让你获得新的创意。

个人训练

从现在开始，每天学习 1 个创意广告案例，并记录每一则广告对你的启发，坚持 100 天。

然后对这 100 个案例分门别类，作为你的第一个创意案例库。

团体训练 分成若干小组，每个小组负责收集不同类型或不同媒体的创意广告案例，并对每一则广告进行研究学习。然后集中分享小组学习的感悟。

自我迭代

别忘了知识的进化

在人生旅途中，我们会不断遇到所谓的瓶颈，凭现有的思维和能力，我们无法突破它。积极的人会主动寻求解决的办法，开始重新观察这个世界，探索未知的领域。于是，我们又有了活力，掌握了另一种思维，具有了不一样的能力，解决了原本无法解决的问题，突破了瓶颈。

学习不是阶段性的，知识蕴藏在我们身边的每一个角落中，它随时都会出现，只要你带着学习的眼光看待周围的一切，你就能随时随地进行学习。

在工作中，我们总会因为忙于眼前的事务而忘记了观察、阅读、分析和思考，但这不能成为我们不去更新知识的理由。我们应该不断否定自己，形成各种良好的学习习惯，每天安排固定的时间来学习，每周安排固定的时间与朋友分享，每月安排固定的时间选购书籍。

每一位成功的人都有一些良好的日常习惯，成功不是一朝一夕能实现的，而在于日常的努力和积累。当你羡慕别人的杰出表现时，想一想他们在哪些地方比你做得更多。

那些创意非凡的人，一开始就很有创意吗？他们之所以不断有良好的表现，是不是拥有了特殊的方法？要想成功有没有捷径可循？如果他们对你坦诚相待，他们一般会这样告诉你——他们每天都在努力，每天都在学习，他们追求每天的点滴进步，一步步走到了今天。

他们或许走得比较快，那是因为他们每天付出的努力比较多；他们之所以比较有智慧，是因为他们每天学得更多；他们之所以能"创意长青"，是因为他们从来没有停止学习。

创意人是推动改革的力量之一。我们的职责就是创造与创新，古人云："猫捕鼠，犬守门，各司其职。"创意是我们的工作，也是我们的使命。要不断超越过去，不断更新知识，知识才是创意的核心力量。

**个人
训练** 你曾经制订过日常学习计划吗？如果有，将它做得更具体，并养成习惯。

如果没有，现在就制订一个半年或一年的学习计划，具体到每月、每周、每天的安排，并严格按照计划执行。

要想在创意行业有所建树，你必须这样做。

**团体
训练** 定期组织知识分享沙龙。

每期由一名成员来主持，成员将各自近期学习的重要收获与大家分享，大家针对重点进行讨论。最后，成员分别谈谈本次沙龙对自己创意工作的启发。

---

2 专业

大学
别被专业限制

专业学习和创意学习是两码事。在大学教育中，专业大多被视为一项技能，而创意更应该是一种智慧。

在中国乃至世界，广告或设计专业的学生更多地被培养为具有某种技能的人才，如视觉设计、策划文案、广告制作等方面的技能。乔治·路易斯说："在职业层面，我们的孩子被教导成去学习一个'专业'，而不是去展现想象力和创造力。这往往扼杀了他们的创意。"

在教学过程中，从管理层面到教学层面再到学生意识层面，我们都在倡导和加强技能型的教育，更强调对广告的流程和细节的学习，老师一步一步地教会学生怎么去做广告，而培养学生的创造力和想象力方面的课程却非常匮乏。更严重的问题是，很多课程实际上是在扼杀学生的创造力和想象力，因为那些课程只需要学生去记忆，不需要学生去创造，于是"背诵"成为很多学生学习的唯一方式。

如果你学了广告相关专业，并且想在广告行业大有所为，那么别寄希望于大学能教给你什么，你应该主动寻求你能借助大学获得什么。

无论如何，大学是人类知识的宝库，有藏书万卷的图书馆，有智慧贤达的大师，有与你拥有一样理想和才能，并且希望有一天可以成为伟大创意人的同学。你应该"主宰"你的大学，而不是让大学"主宰"你。

最后，用李奥·贝纳的名句来结尾："伸手摘星，即使徒劳无功，亦不致一手污泥。""伸手摘星可能听起来有些天真，但却是我的一个热情信念，也许这个世界真该多一点这样的浪漫。""我想正是伸手摘星的精神，让我们很多人长时间地工作奋战。无论到哪，都应该让作品充分表现这种精神，并且驱使我们放弃佳作，只求杰作。"

如果你还在上大学，请想一想在过去的时间里，你在创意方面都失去了什么，你想要在创意方面得到什么。换一个角度，重新振作精神，拟定新的计划，开启新的创意学习之路。

如果你已经离开了大学，请想一想你现在缺乏创意的原因是什么。

记住，你不是某个专业的学生，也不是拥有某个学位的毕业生。你就是你，一个创意人。

自由搭配，与团队的其他成员组成创意学习小组，共同拟订你们的小组学习计划，然后遵照执行。

如果你从团队中找不到合适的对象，就独自执行，或者寻找团队之外的伙伴。

专业书

你读了很多的专业书，你想要从中找到广告的秘诀，你希望通过努力"读广告书"成为优秀的广告人。你的确很辛苦，很努力，你几乎每个星期都要读一本广告书，每年你读过的广告书可以排满一层书架。

不可否认，你是一名努力上进的广告人，你相信"书山有路勤为径，学海无涯苦作舟"。可是，到了今天，你学会什么了吗？书架上的一大摞广告书给你带来了什么？到现在你依然没有上佳的创意表现，你怀疑过那些广告书的价值吗？你还在继续从广告书里寻找创意之道吗？

法国作家罗切福·考尔德这样说道："把书中一页的内容好好地消化，胜过匆忙地阅读一本书。"思想家朱熹则指出："读书之法，在循序而渐进，熟读而精思。"

下面着重介绍广告专业书。

有一种是翻译的欧美国家作者的个人广告著作，这些作者大多从个人经验的角度来谈对广告的理解，并介绍如何才能更好地实现广告的价值，但是大部分翻译过来的著作都已经是很多年前国外出版的了，那些书上的知识大多不适合用来指导当下的广告工作。

如果你只是想通过广告书了解广告，或许一两本经典的书籍就足够了。如果你想通过广告书提升广告创意能力，那你就是缘木求鱼了。"树上没有鱼"，广告书无法带给你更多知识。

所以，广告行业有一种说法，专业的人往往做不了好的创意，而非专业的人往往能有特别的表现，这并非没有道理。

如果你是专业出身，读了很多的广告书，那很可能出现两种不好的结果。一种是你被书中的理论和逻辑搞糊涂了，你没有一种清晰的思路；另一种是作者不负责任的做法误导了你，你一直走在错的方向，你走得越久，离"罗马"就越远。

在创意的世界，如果你总是遵从那些所谓的"必须"，那你所有的创意都将被扼杀在"摇篮"中。如果不能让自己的思维自由灵活地运转，总是按照书本上的或者前辈留下的套路来做创意，你可能会有新鲜的点子吗？

我并不是建议你不看广告专业书，而是你必须明白，尽信书不如无书。如果你总是不分青红皂白地将各类广告书当作指路明灯，那你很可能"读过了那么多本书，却依然想不出一个好创意"。

个人训练 如果你还没有读过广告营销类图书，那请你现在就选购一本来认真阅读。如果你读后觉得阅读有必要，请再读一本。（你现在读的这一本不算在其中。）

如果你已经读了至少 5 本以上的广告营销书，那么你可以停止阅读并付诸实践了，然后好好思考，自己缺的究竟是什么。

如果你有异议，也可以联系我。

团体训练 分享你看过的一本最好或最差的广告营销类图书，一起进行批判性讨论。

希望你对广告营销类图书有清晰而独立的看法。

3 身份

大师

没有所谓的"大师"

有一位广告人说:"不会为自己做广告的广告人是不道德的。"世界上有太多的"广告大师",他们为什么是"广告大师",我们不得而知。如今,很多人为了骗取客户的信任,通过各种宣传渠道将自己包装成"广告大师",以获取经济收益。

在现代广告史上,确实出现过一些里程碑式的广告人物,他们开启了一个时代,推动了广告行业革命式发展。在我学习广告的几十年中,我认为如下几位世界级的广告人都是真正追求"点石成金"的广告效果的人物——大卫·奥格威、李奥·贝纳、威廉·伯恩巴克、罗瑟·瑞夫斯、吉田秀雄、乔治·路易斯。

我们应当牢记广告前辈的功勋,并积极宣传他们为广告做出的贡献。我们应当从他们的思想和案例中学习经典的创意理论和方法，也应当沿着他们的脚步不断向前。

然而，大师级广告人物属于过去式，他们的创意理论和方法曾经风靡一时，但是或许已经被使用得太滥了。同样，"经典的"也意味着可能是"过时的"，如果我们不在经典之上结合时代的发展进行创新，那就不可能有突破，也不可能提出真正的创意。

崇拜广告大师应该表现在几个方面：一是对他们对广告事业的热情和坚持感到钦佩；二是对他们不断寻找有效的广告方法并形成的系统的广告创意理论而感叹；三是对他们不断传播广告思想并推进广告行业的进步而产生敬意。

崇拜广告大师不应表现在以下方面：一是对他们的广告理论和方法过分遵循，因为每一种理论和方法都有其时代背景，并且都带有创立者的立场，并不是绝对的真理；二是对他们经典的案例进行抄袭或明显的模仿，这是我们缺乏创意的表现，经典的案例已被大家所熟悉并且被一代又一代的广告人借鉴和利用，简单的抄袭模仿没有任何意义；三是对他们个人的风格或行为进行简单模仿，中国有个成语叫"东施效颦"，用来嘲讽不顾自身条件而一味模仿，以致效果很差的人。每一位广告大师的风格和行为都与时代文化和个人特质有关，如果因为崇拜而模仿，或者想吸引眼球，那你可能会成为人们眼中的"丑女东施"。

你可以崇拜广告大师，并应当学习他们的知识精髓，进行转化，为形成自己的广告观和创意风格提供养分，而不是盲目地崇拜和模仿。一味地模仿别人，非但没有学到别人的长处，反倒失去了自身的特色。

过度崇拜大师，意味着扼杀自己的创意，这样你将不可能成为大师。

相反，如果你能有理有据地否定大师，那你将很有可能成为新的大师。

个人
训练
你最崇拜或者最敬仰的广告人是谁？为什么？
你曾经质疑过他的观点吗？尝试质疑他，并找出理由和证据来否定他。

团体
训练
每个成员分享一位心中敬仰的广告人及敬仰他的理由，其他成员则向其提出质疑，借此每个成员都能重新认识自己心中的广告大师。
或许恰恰是这位大师误导了你方向，阻碍了你成为优秀的创意人。

自以为是

別太自以为是

　　你可能太骄傲了，骄傲的结果就是自己蒙蔽了自己的眼睛，你以为凭借一不小心冒出来的想法就能"横行天下"。如果你真这么想，那就是"一叶障目"了。

　　在广告行业，有不少人自以为是，从某种程度来说这是广告人的一种"职业病"。广告人经常和人们口中的"牛皮大王"联系在一起。当然，现在确实有那么一些所谓的广告人总是喜欢吹牛，他们在客户面前吹牛，在同行面前吹牛，在同学和朋友面前吹牛，可能对自己的家人和孩子也吹牛。他们习惯了吹牛，吹牛成为他们的生活方式。

　　或许适度吹牛会让人感觉你很幽默，不过在广告创意上，如果你打算吹牛，那就是搬起石头砸自己的脚了。

　　可能你并没想过要吹牛，只是你太自以为是了。

　　别太自以为是，你的广告创意并没有你想象的那么好，那么令人惊奇，那么令人震撼。在广告行业里，DDB 广告公司的创始人之一威廉·伯恩巴克曾经总结了一个好创意的三个标准，那就是关联性、原创性和震撼性。或许，你的创意和你服务的客户是有关联的，也是原创的，至少你并没有有意抄袭谁，但是，你能保证它的震撼性吗？

自以为是的表现就是想当然，你认为能震撼自己的东西也能震撼其他人。你凭什么相信震撼自己的东西也能震撼其他人？你做过测试吗？

你连你的工作伙伴都没有问过，连一个潜在的消费者都没有问过，就打算将你的"伟大创意"提交给你的客户。

可以想象，你很大的可能性是"乘兴而去，败兴而归"，这就是自以为是的下场。

我们身边会有一些"好人"，他们总是说我们的好话，我们不能怀疑他们的人品，他们可能仅仅是为了让我们开心，或许只是不想打击我们的自信心，或许他们就是我们的粉丝。

他们并不是"坏人"，他们唯一做错的，就是总是对你的点子过于宽容，他们并不知道客户绝不会对你的点子宽容。客户不会为了让你高兴而把你的烂点子说成好点子，他们只会找你的竞争对手来代理他们下一年的广告。

其实，最重要的是，消费者对什么是好点子、什么是烂点子最有评判力，看他们会受哪个广告的影响而做出积极反应即可。

别太自以为是，至少在创意这个领域不行。

相反，随时随地了解别人的感受会对你有益，以免你误将一个烂点子当作一个好点子。了解别人的感受不会给你带来一个好创意，但是会避免你向客户提出一个糟糕的创意。

个人
训练　　提出一个你自认为很棒的创意，并向别人说明这不是你的创意，而是其他人的创意，听听周围的人怎么评价。

团体
训练　　每个人写出一个自认为很棒的创意，不署名，统一收齐后随机返还。
　　团队成员对拿到的创意进行陈述，再由成员对创意逐一评价。
　　看看你的创意别人是如何评价的。

4 记忆

手记

习惯做手记

我们应该把平时瞬间闪现的灵感记下来，把别人给的启示写下来，把读书的感悟写下来。

凭我这么多年的创作经验，很多创意真的是一闪而过，如果你不抓紧记下来，等你真的想要找它们时，你根本就不记得它们"长什么样"了，也根本不记得它们藏在你大脑的哪个角落了。

小时候，老师常常说"好记性不如烂笔头"。我要感谢我的老师对我说的这句话，我一直记得，并常常用它来提醒自己。

你以为那些随时随地都能提出好创意的人都有特异功能吗？他们或许只是比你更留心平时的灵感和领悟，并小心翼翼地把它们收藏起来，分门别类，慢慢地形成了"创意智库"。当他暂时没有太好的创意时，他的"创意智库"就能及时补位。于是，我们看到的就是一个"万能"的创意人。

我读过艾德·麦卡比的一段关于创意手记的文字："无论何时，当我想到点子时，我就写下来。这种欲望没有穷尽，我曾把广告写在自己的鞋跟上，写在朋友的皮肤上，写在自己的手脚上，写在完全不认识的人的衣服上，然后费尽口舌说服他们跟我到最近能找到纸张的地方，再赔偿他们的损失。"

这段话听起来有点极端，但这正说明手记的重要性。今天，我们不用那样做了。手机可以实现手记的功能，我们还可以进行简单的编辑处理。这很简单，我们每天花很多时间在手机或电脑上和朋友聊天，为什么不能花一点时间把我们的灵感记下来呢？

点滴雨水，将聚集成流。平时点点滴滴的灵感手记，将为你提供源源不绝的创意之流。

一定要养成做手记的习惯，看到的尽快拍下来，想到的尽快记在记事本上，然后每隔一段时间，就把它们整理在电脑中，当积累到一定程度后，开始对它们分门别类，这样你以后的手记就可以直接归类到不同的文件中。当有需要的时候，你就可以很快找到相关的文件，找到你要的"灵感"。

记得对你的手记做好备份，小心遗失。作为创意人，它们才是你真正的"身家财产"。

　　我也总会想起初入创意行业的自己，我常常在街口看到一个场景后，突然就冒出一个灵感，然后迅速找一个角落停下来，掏出记事本，迅速把想法记下来。完整记下来之后，我会仰望蓝天，深吸一口气，然后不禁感叹，世界真美好。

个人
训练

你有做手记的习惯吗？

如果有，那再接再厉，将手记做得更认真。

如果没有，那请从现在开始，只要有想法就把它记下来。记在你的手机上，每天晚上睡觉之前，把它们转抄在你的电脑上。请坚持一个月，渐渐地，你会养成做手记的好习惯。

团体
训练

如果团队里有做手记的成员，请与其他成员分享做手记的心得。

另外，如果可以，请在读完本节的一个月后，与团队成员分享你这一个月的手记内容的精华部分。

我相信，那些瞬间闪现的灵感会让大家大吃一惊的。

"梦"

你记得做过多少梦吗？有多少梦是让你出乎意料的？可能你都已经忘记了，因为那只不过是一场梦而已。

我们都曾从梦中惊醒，也曾在梦中大哭一场，也曾笑着从梦中醒来。不过具体的事情是什么，我们可能都忘记了。

关于梦，精神分析学家弗洛伊德专门进行了解析，他认为其实梦就是潜意识的表现，在睡眠状态，潜意识里的东西会"浮现"出来，在我们的梦里出现。被我们刻意压抑的意识，也在梦里被释放出来。因为在睡眠中，大脑处于失控状态。催眠治疗法就是在大脑不受控制的状态下将我们掩藏的、压抑的或无意识的潜意识暴露出来。

潜意识和创意之间有关系吗？本书其他章节对潜意识和意识的关系及潜意识和创意的关系进行了介绍，这里就不赘述了。

一般来说，好的创意是这样的：它让人出乎意料，但回头一想，其实它也没什么了不起的，我们也能想到，但为什么我们之前没想到呢？因为它藏在我们的潜意识里，我们没有去深入挖掘，或者我们还未找到挖掘的工具。

优秀的创意人善于在大家的意识层面以下寻找创意思路，他们善于抓住瞬间出现在"前意识"里的潜意识。所谓"灵光一现"，都是在我们"前意识"层面的事物，如果我们不注意并及时抓住，它们瞬间又回到我们的潜意识里去了（注："前意识"是介于潜意识和意识之间的部分，它们可能来自意识的部分也可能来自潜意识的部分，是不固定的）。

如此来说，我们是非常有必要去关注我们的梦的，这是我们创意的来源。如果我们能及时将转瞬即忘的梦的内容和特征记录下来，慢慢会形成一个"创意智库"，当有需要的时候，它们往往能让我们得到一个出人意料的创意。别人会想，这种创意他们也能想到，其实创意就藏在他们大脑的某个地方，为什么你能提出来这样的创意，他们却一直没有留意呢？

他们之所以没有创意就是因为他们不留意一瞬间表现出来的潜意识，而潜意识是不受我们控制的，不是我们想要就随时能获得的。所以，我一直强调平时的积累很重要。当你想要创意的时候，你会发现其实自己早就准备好了。

从今以后，留意你的梦，也要留意随时的"灵光"，这一点我在其他地方已经强调过了。在你还能记得你的梦的点滴时，迅速将它们记下来。

其实，好的广告就像一个梦，它让我们联想到一个梦，让我们回想起一个梦，让我们追求一个梦，或者它曾经出现在我们的梦中。而一个好的梦，它看上去不是编出来的，而是真正出现过的。

但是，如果临时编一个梦，人们一看就知道它是编出来的，因为它来自我们的意识层面，而不是潜意识层面。

广告的创意过程，就是在做一个广告的梦，真实存在过的梦。

个人训练 如果你做了一个意料之外的梦，在醒来的第一秒，如果你还记得大概的内容，请将它记下来，看看它能否用在广告创意中。

团体训练 在一周的时间内，每个人记下一个梦的大概内容，然后集中和团队成员分享，开展头脑风暴，看看这些梦可以应用在什么样的广告中。

第 **8** 篇

是时候提出你的爆品创意了

1 提案

对牛弹琴

找对客户

在创意领域，你可能已经不是一名新入行的菜鸟了，可是回头看自己的创意经历，你发现并没有什么可以称道的。

这究竟是为什么？

这可能并不是因为你不够努力，也不是因为你没有创意的才能，而是因为你没有遇到对的客户。

这个世界上欣赏你的人不多，同样，欣赏你的创意的人也不会多。正所谓"千里马常有，而伯乐不常有"，古人亦云"相识满天下，知音能几人"。所谓"钟期久已没，世上无知音"。

如果俞伯牙没有遇到钟子期，就无人听得懂他的琴音，他将孤独至死。作为创意人，如果没有遇到合适的客户，即使你有再好的创意，也不会被理解和接受。

在你的创意人生中，你应该用心寻找能与你一拍即合的客户，他理解你的创意，愿意将广告业务交给你，让你的创意才能为他带来财富。

在你的创意提案经历中，有多少次是你"孤独地表演"，客户昏昏欲睡，你的创意陈述就像催眠曲。可是，执着的你却不屈不挠，硬要把他们从昏睡中"叫醒"。

别因为客户的不理解而过度反省，他们或许是"一头牛"，而你想要用你的"琴声"打动他们。你没有错，只是你的对象错了。

要想最大程度发挥创意的才能，你必须花时间去寻找、甄别和挑选理想的客户。

客户有三种类型，第一种是大胆、敢于冒险的，他们敢于尝试各种各样的创意，他们也尝过创意带来的"甜头"。这是创意人的福星，如果遇到这样的客户，你可以大胆创意，你会有精彩表现。

第二种是偏保守的，他们通常不会使用所谓的创意，他们基本上是看到市场流行什么就做什么，他们的广告基本靠抄袭和复制，他们也自认为活得很好。如果你和这样的客户谈创意，那就是"对牛弹琴"了。

第三种客户，也是广告人面对最多的客户，他们希望有创意的表现，但是对待创意非常小心，他们怕一不小心你就把市场毁了。这样的客户最耗费你的精力和时间，他们很可能会拖垮你。他们会对你的创意提各种各样的意见，而且会找很多专家来"论证"你的创意。你的创意会被他们搞得面目全非，最后他们还会把责任推到你身上，把你一脚踢开，这样的结局令人崩溃。

第一种客户是最理想的客户，乔治·路易斯说过，"创意应该留给具有想象力而大胆的公司，它懂得欣赏才华，并能从那份才华中获得最大利益"。

你要相信，真正的创意本身就是不同凡响的，敢于采纳真正的创意的公司也是具有不同凡响的特质的。

Johns Tingley 写道："你是不可能替烂客户做出好广告的。有些公司深陷于恐惧与寻求自保的欲望之中，它们永远也不可能买下任何展现自己产品的真正有突破性的创意。"

创意能带来什么样的效果，谁也不敢保证，因为任何事物都有两面性，我们不能"因噎废食"。

削尖脑袋，用尽各种手段寻找到第一种客户，拿出你的"看家本领"，为他们提出最好的创意。别为那些不懂创意和不需要创意的客户耗费精力，他们是你的"创意杀手"。他们会伤害你的自尊心，打击你对创意的自信。

| 个人
训练 | 分析你所遇到的客户，看看他们属于哪一类。
请注意，不要把所有不为你的创意买单的人都粗暴地归结
为一类。 |

| 团体
训练 | 针对团队的其他成员提出一个创意，选择若干对象逐一推
销，在有限的时间里，看看你会成功推销几个。 |

怎么卖创意
细分客户用对策略

现在到了推销你的创意的时候了，你手上已经有了一个你目前认为可以惊世骇俗的创意，一个真正的"大创意"。

怎么才能让客户接受它呢？

首先，基于上一节的分类，对客户再进行细分，分为如下七种类型：

第一种是冷淡型，他们对什么都很冷淡，对什么都不露声色，你完全捉摸不透他们对你的创意是怎么看的，他们的冷淡会让你脊背发凉，他们就像巨大的冰山，你都不知道要从哪儿开始"融化"他们。

第二种是傲慢型，他们傲视一切，你所有的创意在他们面前都是"小儿科"，就算你拿出的创意真的很好，他们也觉得这并没有什么了不起的，他们从来不会把你"当回事"，让你自己都对自己的创意能力持怀疑态度。

第三种是自作聪明型，他们可能什么都不懂，却满口经验和道理，故作聪明，总会发表一通"高论"。他们无时无刻不在显示自己的聪明才智，他们对你的创意总是有很多意见和建议，而且每一点都似乎有那么一点道理。

第四种是犹豫不决型，他们对你的创意一会儿持积极肯定的态度，一会儿又持怀疑甚至否定的态度。他们想要一个不同凡响的创意，又对不同凡响的创意怀有恐惧心理。他们往往需要征求多方意见，在经历比较长的时间后，才能做出决定，而在这个过程中你会得到客户的各种可能会自相矛盾的意见，以至于不知所措。

第五种是大胆灵活型，他们敢于尝试任何有创意的方法，只要你提出与众不同的点子，他们都会积极尝试。如果你在执行过程中有更好的创意，他们也愿意接受并进行灵活的调整，但是他们对于创意的要求也较高，不会接受没有鲜明特点的创意。

第六种是挑剔刻薄型，他们随时准备对你的创意提出修改意见，而且你似乎永远都无法令他们满意。他们非常挑剔，而且对你做出的创意努力和心血毫不在意。你不要指望他们会因此而付给你应得的报酬，你要有被他们找各种借口扣押代理费用的心理准备。

第七种是盲目听信型，他们不知道怎么去判断一个创意的优劣，他们在专业方面缺少经验和判断力，对市场营销也缺乏掌控力，他们倾向于听取所谓的大师和专家的意见，也倾向于听取创意人员的意见。总之，他们无法做出独立的判断和抉择，他们过于依赖别人的建议和意见。

一般来说，客户可以细分为这几种类型，不过实际上不可能那么绝对，一个客户可能同时具有多种类型的特征，只不过更倾向于某一种类型而已。

如果你明白客户会有多种表现，而且对这些表现都烂熟于心，在向客户推销你的创意时，你会显得成熟和老练很多，不会让自己太被动，你可以提前或临时制定相应的推销策略。

要让客户接受你的创意，需要注意如下几个方面：

（1）除了售卖创意，还要"售卖"你的热情。Paul Silverman写道："绝不要忘记客户并非文学批评家。通常他们要买的是你的热情，而不是你的文章。"向客户"售卖"你的热情，让他们看到你对自己的创意是多么兴奋，让他们受到你的感染，让他们进入创意带来的意境里，让他们和你一样兴奋。

（2）不厌其烦地与他们就你的创意进行沟通。客户没有接受你的创意，可能是因为还有疑虑，还不能做出决定。主动和他们联系，听听他们的想法，从不同角度进行说明，让他们完全明白和相信你的创意。

（3）少借助电话、邮件和聊天工具，你最好与客户面对面沟通。通过面对面沟通，眼神与眼神进行交流，才能传达信念。通过电话、邮件和聊天工具与客户沟通都是不负责任的表现，尤其是在创意的沟通方面，与客户面对面沟通，虽然会花大量的时间，但是要想有实质的进展，就必须面对面沟通。客户对创意的看法是很微妙的，你无法通过间接手段得到准确的信息，必须通过他的眼神、动作及语调，才能有准确的把握。

（4）要特别注意提案。你要对提案流程进行精心设计，对提案的技巧进行特别训练。乔治·路易斯说："要让他们（客户）感到惊讶、震撼。……要通过'推销'激发客户心中的期待心情，等待一个伟大的创意从阿拉丁神灯中跑出来。"向客户提案就像向心上人求婚，你应该像对心上人求婚那样精心准备每一次提案，对过程的精彩性及细节的完美性都要演练并控制到位，这样才能让你的心上人无法拒绝，同样也才能让你的客户无法拒绝。

（5）坦然接受否定，但拒绝接受失败。就算你的创意无可挑剔，提案非常完美，客户也可以找出一百个理由，也可以不需要任何理由而不接受你的创意，客户和你"没得商量"。这很正常，就像在一次创意中你会否定自己的想法上百次一样。你要习惯被否定，也要坦然接受被否定。但是你绝不能接受失败，在创意之路上没有失败，永远有一个更好的创意在等着你。从头再来，重新审查你的创意和提案过程，修改创意或者重新设计提案流程，为客户准备一个更好的创意，让他无法再拒绝你。

（6）如果实在不行，你可以借助其他的途径说服客户。你可以邀请客户去喝一杯咖啡，换个环境、换个立场聊一聊，或许你会发现你们之间的分歧其实是很好解决的。

最后，借用 James Lowther 的话来结束这一节的内容："伟大的点子没人喜欢。我是说它们不寻常，因此令人害怕。这可以解释平庸的广告为何可以一路过关，而伟大的点子却总是遇到一百万个不应刊登的理由。……然而最好的创意人永不放弃。"

如果你相信你的创意就是那个"伟大的点子"，那就坚持到底吧。

个人训练 重新审视一下你曾经的客户，看看他们都可以归到哪一类型中，或者他们具有哪几种类型的特征。

团体训练 分成八个小组，其中七个小组扮演七种类型的客户，另一个小组作为创意小组，就一个创意分别针对七种类型的客户进行提案，一起来体会七种类型的客户表现。
然后，共同分享创意的内容及推销的过程，重点分享过程中遇到的难题及最终的解决途径。

---

2 坚持

捍卫创意
为你的创意付出一切

创意行业是一个比拼智慧的行业，不是你的创意被采纳就是别人的创意被采纳。不要轻易在创意比拼中败下阵来，要勇敢捍卫自己的创意。

乔治·路易斯说："如果你的客户是一个恶霸，就要逼迫他尊重你的专业，而且你要毫不动怒地完成你的广告。你必须保护自己的作品，以防别人从各个角度偷袭你。"

没有人会轻易对你的创意露出惊诧的表情，在创意会和提案会上没有人会恭维你的创意。

你的创意很脆弱，但绝对是这个世界上独一无二的，在这个世界只有你会保护它，只有你了解它。当然，有一种情况除外，那就是你的客户刚好看中你的创意。

真正的大创意总是那么与众不同，有时候它看起来会很怪异，和我们平常看见的完全不同，像一个"异端"。这个世界没有人真正喜欢突然出现的一个"怪物"，它可能会吸引好奇者的眼球，但是也可能会吓跑客户，当然也可能会吓跑客户的消费者。

如果你的创意看起来像个"怪物"，那你就要好好保护它，或许它能给你的客户带来源源不断的财富，也会给你带来一生的名誉。

一般来说，创意会经过三个阶段，一是创意的确定，二是创意的提案，三是创意的执行。在这三个阶段，你都要保护好它，这是你的工作，也关乎你的前程。

创意是头脑风暴的产物，它天马行空，稀奇古怪，乱成一团，一旦你有幸"逮住了"一个"怪物"，没有人见过它，它很"凶猛"，甚至"凶残"，你认为它能把所有伙伴的创意都"吃掉"，它也能为客户在市场上"横扫千军"，你不禁想要为它尖叫。

带着它和你的创意伙伴"开战"吧，让他们对你的"怪物"俯首称臣，让公司创意的决策者"叹为观止"。

在面对客户时，你要好好准备一份提案，不要一下就把你的"怪物"放出来。你应该先给客户"洗洗脑"，让他的大脑清理出一块地方来容纳你的"怪物"，让客户在你的娓娓道来中接受它，之后，你再从各个方面进行分析，打消客户的疑虑，增强客户对创意效果的信心。

如果你的创意是一个大创意，你还要在创意可能会经过的各个环节中维护好它的完整性和原貌。你要防止身边的人及客户身边的人从不同角度破坏你的创意、误解你的创意或者扭曲你的创意。

创意是你的，除了你没有人懂它。在创意被执行的过程中，可能需要文案、视觉、媒体、活动及其他方面的表现。你要积极把控表现的过程，创意是你的，你对它的效果负有全部责任。当然，如果它成功了，荣耀也都归你。

个人训练	你曾经提出过令人叫绝的创意吗？如果有，那它现在怎么样了？

如果它成功了，是怎么成功的？

如果它失败了，是怎么失败的？

团体训练	模拟一名创意提案人员，向客户提出一个你自认为很棒的创意。团队其他成员模拟客户方参加提案会的成员，他们的任务就是轮番攻击你的创意。

不管你如何应对，一定要让你的创意"活下来"。

直面冲突

不惧摩擦，勇往直前

创意的能力不属于某一个人或某一类人，只要你能思考，就具有创意的能力。因此，在提出创意的过程中，你一定会听到各种各样的声音，其中或许有支持的声音，但更多的会是反对的声音。

出现质疑声，出现否定意见，出现一个与你的创意完全不在一个方向的创意，怎么办？

你是要"改弦易张"，还是坚持己见，勇往直前？

在创意的路上，没有绝对的对错，每一个创意都可能会遭遇意想不到的结果，一切都是未知的，唯一能给我们力量的是我们的知识、经验和直觉。自信在这时尤其重要，在理性的基础上，你要相信自己，不断肯定自己的创意，不断给予你的伙伴以信心，而不是轻易放弃最初的想法，不要让你创意的有效性成为一个"谜"。

在创意这个领域，你没办法让每个人都满意。所谓"众口难调"，特别是思想，不可能有绝对统一的思想，在不违背战略的条件下，一切行动方案都可能是可行的。如果你要获得一个既让同伴满意，又让总监满意，还让客户满意，而且也让自己满意的创意，那最终你的创意可能不会让任何人满意。

所以，要勇敢面对冲突，击垮持有怀疑和否定意见的阵营，而不是让他们联合把你击垮。在冲突面前，盲目自信往往比轻易认输更有价值。在创意思想的公开碰撞中，胜负其实并不由哪一方决定，而是由更接近于"真理"的那种思想所决定，所以，如果你认定你的创意就是"真理"，那就只管放手应对冲突，你一定会胜出的。

"广告之鬼"吉田秀雄在"鬼才十则"中写道："不要害怕摩擦，摩擦是进步之母，是积极的肥料，否则你将卑躬屈膝，软弱无能。"

创意人应该像一名斗士，创意就是你的"武器"，你的"武器"够不够尖锐？够不够锋利？够不够迅猛？

如果你相信自己的创意，那就让它"劈开"所有的荆棘。同样，如果它还不够尖锐、不够锋利、不够迅猛，那相信它也会在"战斗"中历练得更趋于上乘。

作为一名创意人，我们应该接受一切，积极面对质疑、诘难、挫折。刀锋因为磨砺而变得更锋利，砾石因为水流的冲刷而变得更光滑，君王因为纳谏而更英明，战士因为战斗而更懂作战。

我们应该勇敢面对冲突，相信自己，相信自己的创意。

找一个创意相关人员，主动发起一场关于创意的争论，抛开一切束缚去争论，看看胜负比如何。

将团队成员分为两组，一组为辩论组，另一组为评价组。然后确定 3 个创意命题，将辩论组分为正反两方，分别进行 3 场辩论。

然后对调辩论组与评价组，同样进行 3 场辩论。

最后总结辩论的过程和结果，看从中能获得什么启示。

第**9**篇

创意大咖，就是你

1 天分

努力即天分

发明家爱迪生说过："天才就是 99% 的汗水，加上 1% 的灵感。"天才尚且需要付出各种努力，才能获得成功，何况是作为普通人的我们。

我们只看到了天才的表现，而没有看到他们付出的努力。在广告领域，有太多人认为自己没有天分，认为自己没办法想出伟大的创意，他们不利用生命中的每一分每一秒去努力，他们以为有创意的人都是天生的，他们拥有天分，而自己没有。

李奥·贝纳说："如果你在芝加哥做不出好广告，换到别的地方也无济于事。"如果你认为自己做不出好的创意是因为没有天分，那么你也不可能在其他领域获得成功。因为你不是没有天分，而是你不愿意为获得成功而付出努力。

我喜欢不屈不挠和默默努力的年轻人，他们深知成功和努力之间的关系，他们相信在足够的努力之后，成功自然会降临。如果还没有成功，那是因为付出的还不够。

可以说，每一个创意都是智慧和心血的结晶。如果套用爱迪生的名言，就是"创意=99%的努力+1%的灵感"。在创意行业，总有很多人寄希望于那1%的灵感，而不愿意付出99%的努力。他们认为别人的创意都是来自那1%的灵感，而没有看到别人已经付出的99%的努力。

懒惰者往往埋怨自己没有天分，而勤奋者却从不寄希望于自己的天分。

中国有"一分汗水，一分收获"的谚语，也有"守株待兔"的成语。"守株待兔"就是用来比喻企图不经过努力就想得到成功的人。在生活中，就有这样一批"守株待兔"的广告新人，他们曾经有过一两次很有创意的想法，于是他们就认为自己可以从事创意行业，可以轻轻松松地进行创意，而且不需要付出努力。只要简简单单"想一想"就能坐领高薪，何乐而不为？

天下没有这样的好事，企图"守株待兔"的年轻人最终会发现，他再也没有好的创意了，久而久之，他们就把这归咎于自己没有天分。然后，通过这个"没有天分"的借口，他们"悄悄地"从创意行业溜走。

借口永远是失败者的理由，坚持永远是成功者的"致命武器"。坚持不放弃，付出百分之百的努力，全心全意地投入，跌倒了马上站起来，接受不断地被否定，一次又一次从头再来，你一定会得到最好的创意。你在挫折与失败中积累了足够的经验教训，你掌握了足够的创意规律之后，就不会再埋怨自己没有天分了。

"天分"是最"骗人"的一个词，它误导了我们，让我们相信人之所以能成功是因为与某种"虚无缥缈"的东西有关，它让我们产生了幻觉。年轻时就在某些领域获得非凡成就的人可能不是因为他有天分，而是因为他很早就受到了启蒙，并获得了正确的引导。他懂得借鉴前人的经验，很早就掌握了获得成功的规律并身体力行，最终先于别人获得成功。

那么，你与其寄希望于虚无缥缈的"天分"，还不如站在"巨人"的肩上，尊重知识的力量，积极学习并进行实践，相信很快你就会被别人认为是那个拥有"天分"的人。因为别人看不见你默默付出的努力，只有你自己看得见。

当下，成功取决于环境、努力和机会，不管环境和机会多么重要，努力都是必要的。我们作为普通人，环境和机会往往不会更偏向于我们，我们能做的只有努力。

个人训练 你相信自己有创意天分吗？如果相信，那以后就不要再相信了。

你相信自己没有创意天分吗？如果相信，那你就是对的。

无论如何，请回顾一下在过去一段时间内，你为做出优秀的创意都付出了哪些努力。

团体训练 每个人分享自己近期的创意表现，并谈谈自己为此付出的努力。

请在关注别人的表现的同时也关注别人为此付出的努力。

重新再来
不断重新再来

每一位新人在创意事业的初始，总会遭遇失败，你的创意受到冷落，甚至是奚落。你发现自己对自己的创意越来越失望，当初的热情之火快要熄灭了，你甚至准备自己掐灭最后的火焰了。

这是普遍情况，当下太多的新人在一两次的创意失败后，便开始气馁，自暴自弃，怀疑自己的选择，进而放弃对理想的追求，最根本的原因是个人毅力不够。

人活着，就有无穷无尽的机会，成功与否在于我们有没有时刻准备去抓住转瞬即逝的机会。你有没有时刻让自己处于积极进取的状态，跌倒了，爬起来继续追逐，再次跌倒，再次爬起来……

所谓"好事多磨"，同样，一个好创意的产生也不是那么顺利的。一个完美的创意如同一次完美的表演，都需要不断创造，不断提升。

创意最直接的就是"想"，不断地想，往深处想，往宽处想，往远处想，往近处想；无边无际地想，天马行空地想；不停地想，想了再想。

每一件创意作品的产生都经过了各种挫折，经历不断被否定、不断被肯定，进而又不断被否定的过程。其中有灵光闪现的瞬间，但更多的是枯燥乏味的思考过程。任何事情的成功都不是那么轻松容易的。

我曾经说过，创意就是不断地想的过程。只需要想一想，这是多么简单的事情。但是，你要不停地想，想了又想，想了再想，这是多么折磨人的事情。

尤其是当你已经殚精竭虑，最后有幸获得了一个还算不错的创意，但是当你把这个创意"摆在"客户面前时，客户却不喜欢它，你会怎么样？

你应该站在客户的角度想一想，或许你的创意真的有点逊色。

你最好打翻之前的创意，从头再来。

我喜欢乔治·路易斯所说的这句话："……这种情形的确很伤人。但是我们会从头再来，检查上次的提案内容，修正方向，然后提出一个更棒的创意。因为天底下没有任何人可以随意摆布我。"

审视一下自己，你是否太快就停止了思考，让马上就要被你抓住的创意白白溜走？你是否经历了一点点挫折就放弃了努力？你是否认为创意梦想的实现是轻而易举的事情？

爱迪生有一句名言："失败者的一大弱点在于放弃，成功的必然之路就是不断地重来一次。"

记住，你是一个创意人。一个创意人的责任就是想出最好的创意，创意是你的"饭碗"。没有创意，就像魔术师变不出魔术，歌手没有了好声音。

总之，广告人没有了创意，广告人生就终止了。

一个残酷的自然规律就是，你在广告行业太快放弃，就算你换个行业也会太快就放弃，除非你决定一辈子做一只"鸵鸟"。

<table>
<tr><td>

**个人
训练
1**
</td><td>

想，想，想。直到想出一个备受大家称道的创意。

这个过程越艰难越好,这可以让你铭记创意的过程并不是那么轻松畅快的。当你习惯后,你就会享受这一过程,因为付出和收获是对等的。
</td></tr>
<tr><td>

**个人
训练
2**
</td><td>

思考一下你一直以来的创意感受,想想你是否一直对创意有逆反心理,是否一直对创意热情不减。

如果你有逆反心理,请停下来认真思考接下来你到底要怎么做。如果你对创意热情不减,请坚定地往前走。不管遇到什么困难,都不要放弃。
</td></tr>
</table>

<table>
<tr><td>

**团体
训练
1**
</td><td>

一起为某一品牌或产品进行广告创意,直到每个人都有一个相对满意的创意。

然后分别进行创意陈述,选出优秀的创意,请创作者分享创意的思考过程,看看从中可以学到什么。
</td></tr>
<tr><td>

**团体
训练
2**
</td><td>

分若干小组,每个人畅谈自己关于创意的内心感受。

开展自我剖析,也让其他组员帮自己进行分析,看看自己接下来应该如何选择,如何做下去,以及如何做得更好。
</td></tr>
</table>

---

2 伙伴

亲密搭档

拥有亲密的创意伙伴

"不管你多忙，每天都一定要和你的艺术指导一起去吃午餐。事实上，你越忙，和艺术指导吃午餐这件事就越重要，因为在餐厅你能很好地完成工作。"

"要和最好的艺术指导一起工作，要每天带他去吃午餐，不要自己去卖作品，要让自己身边围满聪明的业务指导。"

上面这两段话不是我说的，是广告人 Lionel Hunt 说的，不过我想说的也是这个意思。

"求、借或'偷'到你能找到的最好的艺术指导。这样能让你的广告看起来更好，让你的生活更有趣，让你的午餐更有滋味，而且如果你运气真的很好，他们还会帮你想出大部分的点子和标题，那样就真的是一举两得了。"

这也是 Lionel Hunt 说的。

在广告生涯里，我也曾经遇到过几位优秀的艺术指导，我和他们的配合非常完美，在我想不到好创意的时候，他们会给我带来很多新的点子，如果我继续追问，他们会给我很多具有启发意义的资料或案例。在广告设计上，我的一个眼神就能让他们知道我想要表达什么。如果他们觉得好，他们马上就能在视觉表现上给我回应；如果他们觉得还有更好的点子，他们会马上和我沟通。无论如何，最后总会有一个我喜欢、他喜欢而且客户也喜欢的广告出现。

我爱我的艺术指导们，他们都是我的最佳拍档，我觉得能请他们吃饭是我的荣幸，和他们共进午餐总是充满了乐趣，我会竖耳倾听，随时准备记下他们不经意间让我受到启发的话语。

另外，还要和有关的业务人员做朋友，业务人员是最了解客户需求和市场状况的人。同时，他们也知道怎么和客户沟通，怎么才能卖出你的创意稿。但是，业务人员不是创意人员，创意不是他们的职责，他们没有你专业，但是他们懂得客观分析一则广告能否被接受，是否会有效。因为从你的角度来说，他们其实代表了客户的立场。

不过，业务人员并不知道什么信息值得放在广告中、创意应该怎么利用现有的市场信息。所以，你可以请业务人员吃饭，让他们将掌握的信息全部"交"给你，不管是重要的还是不重要的。其实，他们认为不重要的信息，反而有可能对创意产生特殊的价值。他们不知道这一点，但是你知道。

如果有可能，你可以告诉他们自己是怎么做创意的，和他们分享你的创意心得。让他们"懂你"，那他们就知道以后怎样帮助你做出最好的创意。这对他们有利，对你有利，对客户也有利，因为三方的目标都是获得一个最好的创意。

除了艺术指导和业务人员，还有文案人员、媒体人员、你的上司或者你的助手，在他们有时间的时候，你可以请他们吃饭，把你想请教的问题在轻松愉快的氛围中与他们沟通。你要和他们形成默契，让他们成为你创意思维的"延伸"，成为你的另一部分，这样他们就会带给你好点子。他们身处广告行业，每个人都有关于广告的好想法。更重要的是，他们知道一个创意要如何才能得到最好的表现。

你和他们是一条战线上的，要好好"利用"他们。

请艺术指导、业务人员、文案人员或媒体人员吃饭，把他
们脑袋里的精华都"偷走"，也把你脑袋里的东西"给"
他们。

最后你们都会很开心。

根据一个命题，每个人提出一个创意。

然后按照成员各自的专长，按岗位分成不同的小组。基于
你的创意分别听取他们的意见，然后提出一个新的创意。

（记住在让他们说出意见之前，请他们吃点好的。）

最后，对两个创意进行测试，看看有何差别。

异类

成为"异类"或结交"异类"朋友

异类是指那些想得不同、表现得不同、做得不同的人。这样的
人往往是不容易被接纳的，但是他们却是让我们滋生创意的人。

其实，作为一名创意人，我们也都是异类，至少我们表现得像个异类，因为我们要想有创意，就需要想得不同、表现得不同、做得不同，只不过我们没有在日常生活中表现出来。我们平常所说的异类，是指在日常生活中特立独行的那些人。

关于异类，可以从两个方面来看。

一是异类的不同层面。第一层面的异类追求立场和观点的独特性，他们立志在思想上不落俗套、不随大流，随时准备给人们带来思想上的冲击。第二层面的异类追求行为上的特立独行，做事不遵循常规，但求自由自在，傲立俗世。第三层面的异类追求外形装扮的特异，以表达自己的独特性，获得他人的关注，获得内心的成就感。

二是异类的不同风格。异类分为不同类型，具有不同的价值观，表现出不同的风格。也就是说，在所谓的"非主流"中，还有不同的"流派"，他们在主流之外给世界带来多姿多彩的表现。

广告创意需要"求新"和"求异"，除了个人的顿悟，我们还应该向在生活中掌握了"新""异"的精髓或者表现得"新""异"的异类学习。他们的思想、行为和表现，都能给我们以启示，他们的不同风格也能让我们进行多元化思考。我们应该主动和他们交朋友，而且相对于主流人群来说，异类对朋友的需要更强烈，而且对价值观的要求更高，我们更能与其成为深交的朋友。

朋友是一个人的知识和技能的延伸，你身边的一个朋友就代表了你的另一种知识和另一种技能。那么，如果你身边围满了异类朋友，那就代表你拥有了很多新异的思想、知识和技能，而这正是创意人需要的。

如果你本身就是一个异类，无论从思想上、行为上还是表现上来说，你都是一个异类，而且你也深得创意的精髓，如果掌握了创意的种种方法和技巧，你就会成为一个优秀的创意人。如果你不是一个异类，那就必须结交一些异类朋友。

另外，如果你发现自己身上具有某种"异类的特质"，那请积极培养这种"异质"，让它成为你个性的一部分，这有助于你形成独特的创意风格，并有助于塑造你作为一个创意人的独特形象。

要想成为优秀的创意人，积累知识仅仅是一方面，时刻追求"新异"是促使我们将知识转化为创意的最好方法。如果你本身就带有"异质"，或者你的身边有一群表现"新异"的朋友，那将不断激发你产生新异的想法，这是你永不干涸的创意之源。

在我的工作和生活中，我都会主动接近那些让我觉得会是异类的人。当然，没有完美的人，也没有"完美的异类"。只要能从他们身上学到一些特别的知识，结交这个朋友就是值得的。如果你能让他们知道，你从他们身上学到的知识都被你用到了创意当中，并且非常有效，那他们一定会很开心。

异类是影响和改变这个世界的"少数人"。每一个异类的微小表现，都可能成为"大西洋上蝴蝶的那一个轻微拍动"，会产生巨大的蝴蝶效应。

个人训练 想一想你生活中有没有异类，主动去结识他们，了解他们，向他们学习。

然后写一篇和异类做朋友的文章。

团体训练 从本质上来说，每个人都具有某种"异质"，只是有些被发现了，有些还没有表现出来或者没被意识到。那么，如果团队中某人已经被发现拥有某种"异质"，那请你主动接近他们，向他们学习。如果你或者他们身上的"异质"还没有被发现，就让大家一起来发现。

成员自由选择，组合若干小组，畅快沟通，深度挖掘每个人的"异质"。然后一起讨论，看看这种"异质"是否值得培养和利用。这有助于大家成为优秀的创意人。

---

3 你是谁

风格

强化你的风格

我在和广告新人沟通的时候，特别强调要形成自己独有的风格。

一个人的风格是指其独有的作风、风度和品格等，艺术作品的风格则指其在整体上呈现出的具有代表性的独特面貌。简单来说，人的风格就是指人的综合特征，而作品的风格就是指作品的整体特征。

广告人的风格除了外貌和行为举止的表现，主要指其广告作品表现出来的独有的创作特征。

可可·香奈儿女士曾有一句名言："Fashion is made to become

unfashionable.（创造时尚就是为了使之过时。）"然而，她还有另一句名言："Fashion passes, style remains.（时尚会过去，但风格永存。）"

综合这两句话，我的理解是：时尚的翻新非常快速，要想在这种节奏中勇立时尚潮头，唯有通过塑造品牌的独特且一致的风格。再看香奈儿女士的另一句名言："In order to be irreplaceable, one must always be different.（想要无可取代，就必须时刻与众不同。）"从这句话中我们可以理解香奈儿所理解的风格，即"不可替代的与众不同之处"。所以，香奈儿虽历经多年，但每一季的新品仍以香奈儿精神为设计理念，造就了"永远的香奈儿"。

我们所看到的那些百年品牌，都保有独立的风格，尽管时尚不断翻新，但它们依然在流行中特立独行，如奢侈品中的香奈儿、IT领域的 IBM、快速消费品中的可口可乐及快餐领域的麦当劳，等等。

那么，作为创意人的你呢？

创意和时尚在某种意义上是一样的。时尚靠不断翻新而存在，某一种时尚只能存在一段时间，过后就不再是时尚；创意也是靠不断创新而存在的，某一具体的创意也只能存在一段时间，过后就不再有效。

如果广告人没有独立的风格，那么在竞争激烈的创意领域，很快就会被淘汰。如果形成了独立的风格，尽管创意不断变化，但只要基于自己的风格进行适度创新，就一定能成为创意领域的"常青树"。

如何形成自己的独立风格呢？

可以借鉴品牌形象识别系统（CIS）的建设方法，在理念（MI）、行为（BI）和视觉（VI）三个方面形塑自己的特有形象，即风格。

在创意方面，你秉承的简单而纯粹的理念是什么？基于这样的理念，在广告活动方面，你会坚持做什么样的事情？会拒绝做什么样的事情？在作品的视觉表现方面，你会坚持采用什么样的视觉元素？拒绝什么样的视觉元素？

一旦你有了独有的创意性的 CIS 系统，在创意领域你就不会因为创意的快节奏而感到紧张和被动。你需要做的就是在独特形象的基础上，把握创意领域的"脉搏"，适时适度地进行创新表现，这样就能保证你的创意始终站在领域的前端。

多年过去，你会发现，曾经有过精彩表现的创意人早已"灰飞烟灭"了，他们都只是一时的"火花"。因为他们未能形成独立的风格，并始终坚持下去。

始终牢记，时尚易逝，风格永存。

是时候塑造你的风格了。

在你眼中，哪个品牌或者哪个杰出的人物具有突出的风格且经久不衰？

搜集相关资料，对其进行分析，看看其是如何形成独立的风格并不断进行创新的。

每个人遵循 CIS 系统的建设方法，推出自己作为一名广告人的 CIS 系统。

成员逐一分享自己的 CIS 系统，并听取其他成员的建议，最终形成属于自己的 CIS 系统，塑造独有的创意风格。

头衔

别太在乎头衔

你参加各种委员会的评选，你给自己加上一些头衔，你喜欢被人们追捧，你到处宣传自己的创意思想。你编造了一套又一套理论，你甚至不知道自己的理论的灵感来自哪里。你为了让自己显得和自己的头衔吻合，开始"道听途说"，把过去很差的创意描绘得"神乎其神"，甚至虚造出自己从来没有做过的创意案例，你"掩耳盗铃"，把别人的创意归在自己的名下。

诸葛亮在《诫子书》中写道："非淡泊无以明志，非宁静无以致远。"你追求名利，给自己加上一些头衔，你以为得到了世人的敬仰，而实际上这些虚荣的东西反而成为你的累赘，让你无法一心一意、轻轻松松地进行创意。你为自己加上这些头衔的同时，也为自己画了一个"框框"，你的创意空间将被局限。

最根本的是，你忘记了获得这些荣誉的原因，它们其实是你无拘无束、专心致志地进行创意的回报。

你是一个创意人，你应该在意的是自己的创意，而非其他。身居高位无法让你得到创意，荣誉头衔无法让你得到创意，人们的追捧无法让你得到创意，这些反而会阻挡你发现创意。

每一次创意都是一次孤独的守候，你需要具备坚韧不拔的毅力和忍受寂寞的耐心，你需要不受周遭的打扰。每一次创意都像武侠小说中"闭关练功"的过程，你需要处于一种超脱的状态，在内心完全静寂的状态下，捕捉那转瞬即逝的"灵光"。

中国广告业已经逐步成熟，"虚的"和"伪的"都会被业界所抛弃，真正的创意才是"王道"，利用"头衔"证明自己有创意和吹嘘自己有创意的人都将"落荒而逃"。

关于杰出人物，我们记住的绝对是他的伟大事迹而不是社会各界赋予他的头衔。每一个在各行各业具有伟大表现的人物，社会自然会给予他相应的回报，人们会记住他，人们对他的称赞和传颂就是他最好的头衔。

所以，如果你要追求名利，那就去追求伟大的创意吧，你伟大的创意会让人们记住你。你不需要任何头衔，你的案例和你的名字就是你的头衔，没有人会质疑你，没有人能复制你的做法。

"你"就是自己的"头衔"。

4 创意人

自我创意

别忘了为自己做创意

你掌握了很多与创意有关的理论和方法，为客户做出了很多优秀的创意，客户的品牌因你的创意而声名远播，可是你似乎忘了为自己做创意了。

创意应该是创意人的一种生活态度，一种生活方式。在维珍集团创始人理查德·布兰森的《一切行业都是创意业》一书中，出版商给予布兰森这样的评价："他以创意产业的标准对待每一个行业，打破常规传统，挑战垄断，用固有产品的新定位开拓市场，一手造就了英国最大的私有企业——维珍集团。"布兰森是一位真正的创意人，他不仅创意性地经营着企业，也将创意当作个人的生活态度和生活方式。

一个不会为自己做创意的人也不会为客户做出伟大的创意。在为客户做创意之前，应该先为自己想想，或者先把自己当作一个最好的"产品"来进行创意。你应该利用本书所提到的方法，让自己成为自己的第一个创意案例。如果你能表现得足够精彩，那你在为客户提供创意时，也会如此。

　　或许你会认为"我不需要为自己做创意，我要低调做人，高调做事"。我完全反对这句话，如果你认为自己要为客户"高调"做创意，而"低调"做自己，可能就没有客户找你做创意了。

　　客户就是创意人的受众，你帮助客户说服他的消费者的工作就如同你说服客户接受你的工作，而且你必须经由客户接受你之后才可以进行创意工作。

　　针对客户的创意要想发挥效果，必须经历几个过程：首先要让客户看到你；如果你的表现足够有吸引力，客户会主动了解你；如果你足够有个性，他们会记住你；如果你的个性符合他们的期望，他们会喜欢上你；如果你确实有真才实学，他们会相信你；那么在他们有需求的时候，他们会主动联系你；如果各方面的条件都基本符合，他们会花钱雇用你。

　　这一过程和我们通过创意去帮助客户赢得市场的过程完全一致，既然如此，我们在创意上需要下的功夫、采用的方法和技巧都应该是一样的。你只需要使用所学到的针对消费者的创意方法，就可以为自己做出非凡的创意，成为客户追捧的"创意红人"。

下面给大家几条建议。

（1）发现自己特有的优势，不断努力，强化优势。

（2）塑造自己的个性形象，夸张表现，让媒体或客户在适当的场合注意到你。

（3）敢于发出自己的声音，让媒体或客户在适当的场合注意到你。

（4）Stay hungry, stay foolish. Keep walking！（求知若饥，虚心若愚。永远向前！）这不是我说的，第一句是史蒂夫·乔布斯在斯坦福大学的毕业典礼上说的，第二句是尊尼获加威士忌的品牌广告语。不过，两句结合起来刚好能表达我对年轻创意人的勉励。

> **个人训练** 找准你的目标客户，为自己做创意。
>
> 让客户看到你、了解你、记住你、喜欢你、相信你、主动找你，直到花钱来请你。

> **团体训练** 分成若干小组，假设每个小组就是一家创意型公司，现在为你的公司做创意。
>
> 让客户看到你的公司、了解你的公司、记住你的公司、喜欢你的公司、相信你的公司、主动找你的公司，直到花钱来请你的公司做创意。

12 条创意戒律

　　每个行业都有不为人知的秘密，正因为如此，每个行业才有它神奇的魅力。创意行业的秘密让创意人乐在其中，他们在努力创造，享受快乐与成就的同时，也备受痛苦的煎熬。

　　本书的最后一节我为大家介绍一些与创意人有关的戒律，这些戒律并不是绝对的，只是希望借由它们让大家了解创意行业的痛苦与快乐。

　　这些戒律有一些是我从前辈那里学到的，有一些是来自我个人的顿悟。

　　如果这些戒律让你成为创意人的信心更加坚定，那我会很高兴。如果这些戒律"惊吓"到了你，那很抱歉，这不是我的本意。

　　创意人戒律如下：

　　（1）保持神秘感。如果你是一个新人，你应该保持神秘感，让他们不敢小瞧你。

　　（2）别总是对客户唯唯诺诺。一味地低调和谦虚，并不会换来别人对你和你的创意的尊重。你应该用你的自信和人格魅力为你的创意增加光彩和说服力。

（3）别急着"曝光"你的创意。不管你有多好的创意，它们都会被打回来，很多时候这与你创意的好坏可能关系并不大，很有可能在你的创意被打回来很多次后，最终客户选择的还是第一个创意。

（4）别"委屈"你的创意。如果客户一再否定你的伟大创意，那就拍桌子和他们对抗，让他们知道你是在为你的创意抱不平。如果客户不信任你的创意，那你的创意就不会得到很好的执行，自然也起不到该有的效果。

（5）创意奖是用来"唬人"的。如果你要进入创意行业，你一定要关注相关的奖项。很多客户会认为如果你没获过奖，你就不可能有好的创意。

（6）与"老板"沟通。你的客户是你的上司，你上司的客户是他的老板，你老板的客户是客户联络人，客户联络人的客户是他的部门负责人，客户的部门负责人的客户才可能是最终客户，而最终客户的客户才是消费者。你必须突破重围，争取一切机会直接向最终客户提案。

（7）你就是"大师"。在创意沟通会上，永远是广告公司的人员先到，然后客户的联络人到，接着是市场负责人到，最后才是广告的决策者到。这形成了一个"默契"，谁后到就意味着谁有权否决之前的创意。

（8）别急着发言。在开会的时候，等大家都说得差不多了，你再发言。一定要记住别人都说了些什么，准备有针对性的说辞。你要一开口，就能一针见血，说到要害。如果你总是说不到重点，那很快就没人在意你的发言和意见了，人们只希望你赶快闭嘴。言多必失，在创意行业，你要多听少说，要让每个人都等着你发表意见。最好的办法就是，要么一张口就是"绝杀"，要么绝不张口。

（9）换种表达方式。如果你非常想让对方接受一个创意，你可以引导和暗示对方这个创意的产生来自对方的建议，让他有参与感。换句话说，一旦接受别人的创意，那就间接证明自己没什么创意。如果那个创意原本就是自己的，那就会"接受"得"理所当然"。

（10）远离办公室。不要一直待在会禁锢你的创意的空间。你可以离开办公室，去享受你的私生活，好的创意可能会在你吃饭的时候、喝咖啡的时候、散步的时候不期而至。总是待在办公室里不可能有好创意。

（11）少听"职业意见"。在创意上，不要随意征求别人的意见。只要你开口，就会有各种建议向你涌来，而且你还必须都考虑一下，否则别人就会认为你不尊重他们。

（12）永远"逆向思考"。在创意行业，逆向思维很重要。当你对某种事物有好感时，你最好反感它。当你反感某种事物时，最好喜欢它。然后，你就会发现一个新的世界。

个人训练 如果你不能确定这些戒律是不是正确的，或者怀疑这些戒律的"功力"，你可以先试用几条，看看能否令你满意。然后，分享你的感受。

团体训练 分小组对这12条创意戒律进行讨论，你可以赞同它，也可以驳斥它，目的只有一个，就是透彻地认识创意行业。如果你赞同这些戒律，那就去践行，你一定会乐在其中。

后记：世界因创意而不同

一

"世界因创意而不同"。

因为创意，世界被人们一点点改变，无论商业还是人类文明。

我喜欢商业写作，希望通过我笔下的文字，通过我写的一本又一本商业著作，让中国的商业文明发生一点点改变，或者变得有一点点不同。

如果此刻你读到了这里，也希望你能和我一道，让这个世界因我们的创意和努力而变得不同。

二

每一位作者，都在记录一段历史。

这本书也承载了一段世界广告创意的历史，希望这本书能为整个世界广告创意的知识传承做出一点贡献。

在我的每一本书即将付印的时候，我都会发出深深的感慨，一本书的面市，是多么不容易，它和一项大的建筑工程的完成没有大的区别，为其进行规划和提供帮助的人也不计其数，即使用千千万万来说也是不过分的。

三

其实，在书稿完成之后，在散发着油墨香味的书籍到达读者手中之前，作者都想借自己手中的笔或者电脑的键盘，代表为本书贡献过力量的人们说些什么。

这和一个乐队表演结束后，主唱要和大家所说的话是一样的。

所以，我代表本书的另一位作者——但我不一定是对本书贡献最大的人——记录下应该留在本书里面的那些人的名字和他们做出的努力。

四

本书收集了大量的广告创意和文案案例，这些案例的背后有无数的广告主、广告公司、创意人员和文案人员的付出，感谢你们为广告行业做出的贡献。另外，本书也引用了很多广告和营销大师的名言。感谢广告行业的同行和前辈，没有你们，就不可能有这本书的出现。

在本书定稿之前，为了给这本书取一个令读者倾心的书名，我在"滇池会：创业者的朋友圈"社群做了一个调查，很多朋友都给书名提出了很好的建议，也开动大脑提出了一些非常好的书名。

在这里，我特别推介"滇池会：创业者的朋友圈"社群，它是我和商界友人、读者分享自己的商业观点的社群，如果有兴趣，您也可以联系我，加入我们的社群中。

五

我从 2013 年 1 月开始写作，2013 年 5 月我出版了第一本商业著作《不同凡响：广告策划之道》，到今天已经出版的著作有《不同凡响：广告策划之道》《你的创意逊毙了》《笔尖：创意文案42 式》《一瞬：不深刻，不青春》《策划在左，文案在右》《体验再造：赢得 YOU 时代的方法论》《体验感：品牌 3.0 的营销革命》《房地产营销 30 讲》《顶尖文案：走心广告的 188 种句式》。这些书在行业内褒贬不一，但我都拼尽全力做到最好。

感谢我多年以来的合著者我的兄长汪吉先生、我的朋友尹雨诗女士和邓素娟女士，希望我们能保持一年完成 1~2 本新书的速度，不断给中国商业贡献有价值的知识读本。

希望更多的创作者加入商业图书的创作和传播中，对于知识青年来说，这一定是值得我们付出热血的公益领域。

六

最后，希望每一位读者都能通过本书获得一些启发。

相信世界会因我们的创意和努力而变得不同。

图书在版编目（CIP）数据

爆品创意：如何设计有销售力的广告 / 汪豪，邓素娟著. —北京：电子工业
出版社，2020.12

ISBN 978-7-121-38920-7

Ⅰ. ①爆… Ⅱ. ①汪… ②邓… Ⅲ. ①品牌营销 Ⅳ. ①F713.3

中国版本图书馆 CIP 数据核字（2020）第 051922 号

责任编辑：黄　菲　　文字编辑：刘　甜　　特约编辑：刘广钦
印　　刷：三河市鑫金马印装有限公司
装　　订：三河市鑫金马印装有限公司
出版发行：电子工业出版社
　　　　　北京市海淀区万寿路 173 信箱　　邮编　100036
开　　本：720×1 000　1/16　印张：18　　字数：252 千字
版　　次：2020 年 12 月第 1 版
印　　次：2020 年 12 月第 1 次印刷
定　　价：68.00 元

凡所购买电子工业出版社图书有缺损问题，请向购买书店调换。若书店
售缺，请与本社发行部联系，联系及邮购电话：（010）88254888，88258888。

质量投诉请发邮件至 zlts@phei.com.cn，盗版侵权举报请发邮件至
dbqq@phei.com.cn。

本书咨询联系方式：1024004410（QQ）。